Título de la edición original: *I'Think I'll Just Curl up and Die*
Traducido por Teresa Clavel de la edición original
de Arnoldo Mondadori Editore, S.p.A, Milán,
cedida por Grupo Editorial Random House Mondadori, S. L.
Diseño: Eva Mutter
Ilustración de la cubierta: IDEE

Círculo de Lectores, S. A. (Sociedad Unipersonal)
Travessera de Gràcia, 47-49, 08021 Barcelona
www.circulo.es
3 5 7 9 3 0 0 7 8 6 4 2

Depósito legal: Na. 1494-2003
Fotocomposición: Víctor Igual, S. L., Barcelona
Impresión y encuadernación: RODESA (Rotativas de Estella, S. A.)
Navarra, 2003. Impreso en España
ISBN 84-226-9835-8
N.° 08474 A

¿Por qué me sale todo mal?

Rosie Rushton

¿Por qué me sale todo mal?

Nuevos dramas, desastres y deseos
de 5 adolescentes

Círculo de Lectores

1
Postales de vacaciones

Querida Gemma:

No te lo vas a creer: ¡estoy enamorada! Tiene diecisiete años, se llama Bilu y nos conocimos en la boda de mi prima. ¡Es increíble! Tiene unos ojos de fábula y es... ¡tope! Y lo más sorprendente es que a papá también le gusta, así que me deja que nos veamos. Esta tarde iremos todos al partido de polo y esta noche Bilu quiere llevarme al cine. (Ya sé que dije que las películas indias no me gustan, pero con él las vería aunque fuesen en griego antiguo.)

Perdona, pero no me da tiempo a escribir nada más; tengo que decidir qué me pongo. Dile a Laura que puede quedarse con Jon; yo prefiero salir con chicos más maduros. Por cierto, me estoy dejando crecer el pelo otra vez. A Bilu le gusta largo.

¡Hasta pronto! ¿No es maravilloso estar enamorada?

Besos,

Sumitha

Gemma Farrant suspiró y dejó caer la carta sobre la cama. ¿Cómo podía saber ella si estar enamorada era maravilloso o no? Nunca había salido con ningún chico, y aunque hubiera salido con alguno no se habría atrevido a llevarlo a casa para presentárselo a su familia. Apenas acababa de convencer a su madre de que la dejase elegir sola la ropa. En realidad, según la señora Farrant, Gemma debería llevar aún pichis de terciopelo y blusas con el cuello de encaje. En cuanto a los chicos, su madre estaba convencida de que a los catorce años no se era lo suficientemente mayor para relacionarse con exponentes del sexo masculino. Por eso, aun cuando hubiera tenido la suerte de encontrar un chico, probablemente su madre lo habría estropeado todo ofreciéndole helado o una ración de tarta y proponiéndole después jugar unas partidas a la oca.

Al matricularse en la escuela superior de Lee Hill, Gemma enseguida había visto en Sumitha una especie de alma gemela. Mientras que ella tenía que vérselas con una madre hiperprotectora que, en cuestión de moda, tenía los mismos gustos que un ermitaño de la edad de piedra, Sumitha estaba controladísima por un padre severo que había montado en cólera cuando su hija se cortó el pelo sin permiso y que estaba absolutamente convencido de que el Stomping Ground era un lugar de perdición, y no una simple discoteca donde los sábados por la tarde se reunían todos los jóvenes de Leehampton que querían mover el esqueleto. Pero, a pesar de eso, parecía haber acogido al novio de Sumitha con los brazos abiertos.

Cogió de nuevo la carta y la releyó. «No puede durar –se consoló–. Después de todo, él está en la India y Sumitha vive aquí.» Chelsea tenía los ojos puestos en Rob Antell, Laura estaba colada por Jon, y ahora también Sumitha se había enamorado. A Gemma le resultaba insoportable ser la única que no tuviese un hombre con el que soñar.

El hecho era que Gemma se estaba aburriendo como una ostra. Su padre le había dicho que no irían de vacaciones porque se habían mudado hacía poco y él acababa de empezar a trabajar en un sitio nuevo. Tendría que conformarse con el viaje escolar a París, y aún podía darse con un canto en los dientes.

Debía admitir que el viaje a París había sido fantástico: ¡siete días sin tener a su madre constantemente encima! Pero ya se había acabado. Ahora, lo único decente era que su padre había desembolsado un montón de pasta para inscribirse en el Club de Golf Waterline, donde había una megapiscina con hidromasaje y tobogán. Aunque también en esto había que mirar la otra cara de la moneda, puesto que su madre se exhibía con monstruosos bañadores de faldita fruncida y cada diez segundos les gritaba a sus hijos: «¡Ten cuidado, cielito!», para diversión de todos, excepto evidentemente de Gemma.

Se miró al espejo con ojo crítico. Odiaba aquel pelo de color rata y detestaba sus dientes salidos. Se sentía gorda y flácida. Claro que todos aquellos cruasanes y aquellas porciones de queso Camembert bien tenían que haberse depositado en algún sitio..., la mayoría entre el pecho y el ombligo. Y a propósito de pecho, el suyo parecía haber cobrado vida propia, se había desarrollado a una velocidad preocupante. Debería llevar otro tipo de sujetadores; su querida mamaíta seguía comprándole aquellos espantosos armazones para principiantes que parecían dos cáscaras de huevo unidas por una goma y causaban, más o menos, el mismo efecto.

«Pero ¿por qué no soy como Chelsea? –pensó mientras se recogía el pelo con una cinta elástica–. Seguro que todos los chicos españoles en un radio de diez kilómetros van detrás de ella. ¡La vida es tan injusta!»

2
Quiero ser amada

Chelsea, sin embargo, estaba haciendo reflexiones parecidas, al menos a juzgar por lo que le había escrito a Laura.

Calypso, Estepona, España

Querida Laura:

Estoy sentada en el balcón y rezo para que mi madre no me encuentre. ¡No te puedes imaginar qué día he tenido! No había sentido tanta vergüenza en toda mi vida.

Esta mañana, mientras estaba jugando a balonvolea con unos chicos que conocí en la discoteca del hotel y que no están nada mal, ha llegado a la playa una señora seguida de un tipo con una cámara y otro con uno de esos micrófonos que utilizan a veces los de la tele. Estaban grabando un programa sobre las vacaciones, y ¿a quién han empezado a entrevistar? ¡A mi madre! Evidentemente, como muy bien podrás imaginar, ella estaba contentísima de que le dedicaran tanta atención. Parecía Liz Hurley, la novia de Hugh Grant. La han filmado intentando subirse a la tabla de surf, cayéndose, soltando grititos de alegría..., en resumen, servicio completo. Ha sido espantoso. Luego han dicho que querían una escena en la que saliera practicando surf sobre las olas. ¡El problema era que es incapaz! Seguía cayéndose, así que no han tenido más remedio que renunciar. Suficiente para hacerle cerrar la boca, pensaría uno. Pues no. «Venid, os presentaré a mi hija», se le ocurre decir. La habría matado. Justo en el momento en que las cosas con Juan, un chico guapísimo, estaban poniéndose interesantes, llega ella y me arrastra hasta el bar para que me filmen a mí también. Hemos estado allí horas, de pie, comiendo sardinas y explicando por qué pensábamos que el Club Calypso es un lugar idílico para pasar las vacaciones.

¡No puedes hacerte una idea de lo hipócrita que es mi madre! «¡Oh, aquí hay tantos entretenimientos para Chelsea! –ha dicho, deshaciéndose en carantoñas y sonrisas delante de la cámara–. Entre el Teenager Club (no he participado ni una sola vez en sus estúpidas actividades), el torneo de dardos (solo juego cuando ella me amenaza con no dejarme ir a la discoteca si no complazco a papá), ¡y toda esta sana juventud alrededor!» (Y luego, cuando le digo que voy a ir al mercadillo en moto con Juan, se pone en plan madre severa y empieza a hablar de drogas y violencia sexual.)

Juan es realmente increíble: está superbronceado, tiene el pelo negrísimo y dice que soy la chica más guapa que ha visto jamás. ¡Debe de tener buen gusto! Si ponen ese programa en televisión, me moriré de vergüenza. Ya es bastante trágico oír a mi madre todos los fines de semana en la radio..., ¡imagínate en un canal televisivo nacional! Más vale no pensarlo. Quizá pueda oponerme a que lo transmitan por violación de la intimidad; valdría la pena intentarlo.

Espero que te hayas divertido en Francia y que hayas puesto en su sitio a la Estúpida Betsy de una vez por todas. Ya me lo contarás todo cuando vuelva.

Besos,

Chelsea

Laura, sentada encima de un montón de ropa de cama sucia, dejó la carta de Chelsea riendo a carcajadas. Se la imaginaba enfadadísima por las excentricidades de su madre, aunque no entendía muy bien por qué se lo tomaba tan a pecho. A Laura, la señora Gee le parecía una mujer divertida, totalmente distinta de una madre tradicional.

Sería una gozada verla en la tele. Siempre hacía cosas rarísimas, y no parecía preocuparle si Chelsea tomaba suficientes vitaminas o si una mujer con su tipo podía ponerse pantalones cortos de color naranja brillante. «Probablemente es así porque es periodista y escribe en las páginas dedicadas a dar consejos femeninos –pensó Laura–. Al final, una deja de pensar en lo que dirá la gente y simplemente hace lo que le viene en gana.»

En realidad, a casi todos los padres les traían sin cuidado los demás. A los suyos, desde luego que sí. A su madre, por ejemplo, debía de importarle un bledo su reputación, puesto que se paseaba tranquilamente por ahí con Melvyn, el plasta que había escogido por novio, y su padre no demostraba la más mínima señal de arrepentimiento por haberse ido a vivir con la Estúpida Betsy y sus histéricos hijos.

Laura suspiró. Había creído que, con el tiempo,

su madre acabaría por entrar en razón y le pediría a su padre que volviera a casa. Y, naturalmente, había dado por supuesto que su padre estaba deseándolo. Pero las cosas no habían ido así. Su madre seguía locamente enamorada del plasta y no se había sentido en absoluto molesta porque Laura se hubiese ido de cámping a Francia con su padre y la Estúpida Betsy, que no se separaban ni un segundo. Un panorama que revolvía el estómago.

De una puntapié, metió una aleta de goma debajo de la cama. La vida era injusta. De todas formas, el problema no eran ni mucho menos los alelados de sus padres y sus insulsas historias de amor..., ¡era ella quien necesitaba una vida sentimental! Había llegado al punto crucial de su novela (la que estaba escribiendo desde hacía meses y que un día la haría famosa), cuando el héroe seduce a la heroína detrás del invernadero, en el jardín del castillo; pero, como a ella nunca la habían seducido, temía que pudieran escapársele algunos detalles. Lo que necesitaba era experiencia directa. Jon Joseph le gustaba a rabiar, pero desde luego no podía decirse que él hubiera hecho unos esfuerzos sobrehumanos para estar con ella. Quizá Sumitha tenía razón: a Jon le superaba la pasión hasta tal extremo que era incapaz de enfrentarse a sus propias emociones. Quizá si fuera a casa de Gemma lo vería; después de todo, vivía en la casa de al lado.

Consolándose con la idea de un feliz encuentro con su amado, Laura envió de una patada la ropa sucia a un rincón y empezó a pintarse las uñas de los pies.

3
El arte de amar

Aquel miércoles, el objeto de la pasión de Laura estaba trabajando duro en un boceto, la última tarea del curso de dibujo con Blob en el centro Vacaciones Activas de Dellfield. Había sido una semana fantástica y, ahora, Jon estaba más seguro que nunca de que quería ser dibujante de cómics.

El profesor del curso, que en realidad se llamaba Eric Batterby pero había adoptado el seudónimo de Blob, se inclinó sobre la mesa en la que Jon estaba trabajando y le devolvió un montón de dibujos.

–Un trabajo excelente, Jon. Me ha gustado muchísimo. ¿Quién es la chica de la bicicleta, en este de aquí? Ah, por cierto, la historieta del primer ministro y la flota de pescadores es bastante divertida.

Jon miró sorprendido el dibujo que estaba encima de todos. Sabía que estaba garabateando constantemente, pero aquel en concreto no recordaba haberlo hecho. Era aquella chica..., aquella con la que había chocado yendo en bicicleta y que después, en la discoteca, no le había quitado los ojos de encima. Laura no sé qué. A decir verdad, su cara le había interesado desde el principio. Tenía una expresión de dura, del tipo «cuidado con lo que haces», pero su mirada era dulce e indefensa. Le gustaría mucho hacerle un retrato.

Corta el rollo, se dijo con firmeza. ¿En qué estaba pensando? La única chica que le interesaba realmente era Sumitha. El próximo curso encontraría la manera de pedirle que saliera con él.

–Hasta luego, Jon –dijo el profesor–. Voy a tomarme una cerveza con tu padre.

A Jon se le cayó el alma a los pies. Sin duda alguna su padre saldría con el consabido «espero que se dé cuenta de que mi hijo es indiscutiblemente un muchacho especial» y le haría quedar como un perfecto imbécil. Parecía haber aceptado la idea de que Jon no iría a Cambridge a estudiar derecho, pero no conseguía dejar de presumir de su presunta genialidad. El primer día del curso había hecho un aparte con Eric y le había explicado que debía sentirse afortunado por tener a un chico con tanto talento en su clase. Jon hubiera querido morirse. ¿Por qué no se limitaba a asistir a sus clases de golf y se olvidaba de él?

En cualquier caso, al profesor le habían gustado los dibujos de Jon. Se convertiría en un artista. Y, una vez de vuelta a casa, le pediría a Sumitha que saliese con él. Excitado por estas nuevas perspectivas, Jon comenzó a esbozar un autorretrato en el que aparecía vestido como Keanu Reeves y rodeado de una legión de admiradoras.

4
Todo lo bueno se acaba

El jueves por la mañana, temprano, Rajiv Banerji esperaba con impaciencia el equipaje de toda la familia ante la cinta giratoria del aeropuerto.

–Confío en que no haya que esperar mucho –dijo, mirando el reloj–. Quiero ir a casa, abrir el correo, comprobar las citas y organizar la reunión para el martes que viene.

–Cálmate, Rajiv –dijo su mujer, cogiéndolo del brazo–. Hemos pasado unas vacaciones estupendas y no hay ninguna necesidad de que empieces ya a ponerte tan nervioso.

–Sí, la verdad es que ha sido un viaje muy agradable –admitió él sonriendo mientras agarraba a Sandeep, que estaba a punto de subirse a la cinta–. Y ha sido una suerte que Sumitha haya visto cómo es la vida en la India. –Miró a su hija, que estaba escuchando música apoyada en la mochila y con expresión absorta–. Un buen chico como Bilu es justo lo que necesitaba..., y de una familia tan respetable, además. Lo que le hacía falta para quitarle de la cabeza todas esas tonterías occidentales. Ya ha dicho que volverá a dejarse crecer el pelo –añadió.

En cierto modo, le daba la impresión de que su

mujer no lo había apoyado lo suficiente cuando Sumitha se cortó el pelo.

Chitrita Banerji sonrió, pero no dijo nada. El día anterior había visto a Sumitha y a Bilu, desde la ventana, saludándose, y el pelo de su hija era lo último que ocupaba sus pensamientos.

Mientras tanto, Sumitha seguía mirando al vacío con ojos soñadores, rememorando el primer beso que Bilu le había dado bajo los árboles tropicales del jardín de su abuela.

5

El dinero, causa de todas las discusiones

A última hora de la tarde del viernes, la madre de Chelsea contemplaba, afligida, un montón de ropa para lavar, y se preguntaba cómo era posible que dos semanas de vacaciones en bañador y pareo hubieran generado tanta ropa sucia. En aquel momento sonó el timbre.

–Voy yo –gritó Chelsea, que había visto desde la ventana llegar a Rob en bicicleta.

–Hola. ¿Está tu madre?

–Sí –contestó Chelsea con un suspiro y deslizando los dedos entre sus rizos castaños–, pero está ocupada.

«Es a mí a quien deberías buscar y no a ella», pensó, irritada. No era así como reaccionaban los chicos en España al verla; allí todo eran silbidos de admiración y pellizcos en el trasero, mientras que aquí el chico de sus sueños prácticamente ni la miraba.

–¡Hola, Rob! ¿Cómo estás? –dijo Ginny con entusiasmo mientras bajaba la escalera cargada de ropa sucia.

–¿Se ha divertido en las vacaciones, señora Gee?

–Pero ¿cuántas veces tengo que decirte que me

llames Ginny? –repuso la madre de Chelsea, sonriendo.

–Ginny –dijo Rob–, quería pedirle que le echara un vistazo al cuento que he escrito para el concurso de Jóvenes Escritores de Leehampton..., si no es molestia. Verá..., es que tengo algunas dudas acerca del final.

–Claro, no hay ningún problema. Déjalo encima de la mesa y le echaré un vistazo durante el fin de semana.

–¡Ginny! –gritó su marido desde la cocina–. ¿Qué demonios significa esto?

«¡Vaya por Dios, bronca a la vista!», pensó la señora Gee.

–Creo que tengo que irme, chicos... Chelsea, ¿por qué no vas arriba con Rob? Enseguida os llevo algo para beber.

«Ya era hora», pensó Chelsea.

Ginny respiró hondo y se dirigió a la cocina.

Su marido estaba allí, rodeado de unas cuantas truchas sin cabeza y un montón de tiritas de papel. Aún no habían terminado de deshacer las maletas y él ya estaba desempeñando su papel de Chef del Año, pensó Ginny con sarcasmo. Pero lo que más le preocupaba era que Barry le estaba mostrando la cuenta de la tarjeta de crédito.

–He encontrado esto –se limitó a decir.

–¡Ah, sí! Llegó el día que salíamos para España y no quise estropear el ambiente festivo, así que...

–Así que la escondiste debajo de la tostadora...,

¡fantástico! Ginny, la cuenta asciende a 1.396 libras. ¿Qué ha ocurrido?

–Bueno..., una cosa lleva a la otra... –¿Por qué se le había olvidado esconder la cuenta de la tarjeta de crédito en el cajón de la ropa de casa?–. Ya sabes lo que pasa...

–Francamente, no, no sé lo que pasa. La mitad de las cosas que has comprado son totalmente inútiles –dijo Barry en tono brusco, recorriendo con la mirada la relación de las compras–. Ginny, es imprescindible que reduzcas los gastos, lo repito, es imprescindible.

–Bueno, si tú tuvieras un empleo no sería necesario –replicó ella–. Si pasases más tiempo buscando trabajo y menos en experimentar recetas de gourmet, quizá las cosas irían mejor.

Barry se sentía culpable por no haber logrado encontrar todavía un empleo y lo último que necesitaba era que su mujer se lo echase en cara.

–Yo tengo que mantener una imagen, soy un personaje público –prosiguió.

En el último año, Ginny había descubierto que conseguir tener un aspecto decente, cuando partes enteras de tu cuerpo cuya existencia habías olvidado empezaban a reblandecerse y a ceder, requería dedicar un montón de tiempo. Envejecer no era algo que Ginny lograse aceptar fácilmente.

–Oh, sí, lo olvidaba, nuestro periódico local exige que la autora de la sección «Díselo a Ginny» lleve modelos exclusivos de Gucci y Saint Laurent,

¿no es eso? Y, evidentemente, no puedes presentarte en la radio sin llevar un traje de firma que «realce»... En fin, tenemos que mantener una casa, y Warwick va a ir a la universidad, y...

Desde arriba, Chelsea oyó que las voces subían de tono y cerró la puerta de su habitación.

–¿Me has echado de menos? –le preguntó a Rob.

–¿Cómo? Oh..., hummm, sí, claro –contestó el muchacho–. Jon también ha estado fuera durante las vacaciones y no había nadie con quien matar el tiempo.

Matar el tiempo no era lo que Chelsea tenía en mente. Con todo, como dice el refrán, el que no se arriesga no pasa la mar. ¿Qué era lo que decía siempre su madre? «En la vida, Chelsea, si quieres algo debes actuar para conseguirlo a toda costa.»

Se inclinó y besó a Rob en los labios. Al chico pareció sorprenderle, aunque no desagradarle demasiado. Pero no le devolvió el beso.

–Rob, yo te gusto, ¿verdad?

–¿Cómo? Oh, claro..., sí, por supuesto –balbuceó Rob, que de pronto pareció experimentar un inusitado interés por sus uñas–. Eres una tía muy enrollada.

Chelsea notó que se le aceleraba el corazón. Desde luego, aquello no habría ganado el primer premio de declaraciones de amor románticas, pero era lo máximo que había logrado obtener hasta el momento.

Quizá las cosas estaban empezando a ir por buen camino.

En la cocina, en cambio, las cosas estaban yendo sin duda por mal camino.

–Vale, vale, no hace falta que sigas –dijo Ginny con aspereza–. Pero, ya que te pones a criticar lo que yo hago, ¿te has mirado alguna vez al espejo? ¿Cuándo empezarás a ahorrar con la comida de primera calidad que compras todos los días? –añadió, señalando con la bronceada mano las truchas sin cabeza que yacían sobre el banco de la cocina.

Barry las miró sorprendido, como si hubieran saltado de pronto de un río y se hubieran colocado allí ellas solas.

–Si quiero participar en Superchef, tengo que trabajar forzosamente con ingredientes de calidad –se apresuró a responder–. ¡Pero incluso tú puedes comprender que unos faisanes de vez en cuando o un kilo de gambas no son exactamente lo mismo que un montón de vestidos de firma con su correspondiente bolso de piel de cocodrilo a juego!

Ginny suspiró.

–Está bien, hagamos un pacto. Yo reduciré los gastos si tú intentas en serio encontrar un trabajo. Cualquier trabajo. Enseguida. Mañana. ¿De acuerdo?

–De acuerdo –aceptó Barry, resignado.

Durante los diez meses que había pasado en casa desde que lo despidieran de Freshfoods, Barry había disfrutado mucho. Nunca había sido uno de esos tipos brillantes y ambiciosos con los ojos puestos en la silla vacía del consejo de dirección. Bastaba con darle un paquete de pasta y unos cuantos langostinos para que fuese feliz toda la mañana creando un plato. Si encontrara a alguien dispuesto a pagarle por sus «veinte maneras de cocinar la merluza»... Pero Ginny tenía razón. Era imprescindible que hiciese algo.

Todos debían hacer algo, si no, lo pasarían mal. ¡Eh, eh, espera un momento...! ¡Pues claro! ¡Ya estaba, eso sí que era una buena idea!

6
Amor en el ambiente

–¡Venga, Sumitha, cuéntanoslo todo! –dijo Chelsea.

Era el último sábado de vacaciones y Gemma, Laura, Chelsea y Sumitha se habían reunido para contarse cómo les había ido el verano. El lugar de reunión era el dormitorio de Gemma, desde donde Laura esperaba conseguir ver a Jon. Con esta finalidad, se había apoyado en el alféizar de la ventana, aunque ello suponía que se le quedara el trasero dormido y el cuello rígido a fuerza de volver la cabeza cada diez segundos para vigilar el jardín de los Joseph.

–¿Y ese tío tan fantástico? –preguntó–. Gemma me ha dicho que te gusta más que Jon. ¿Es verdad? –añadió, esperanzada.

Sumitha se dejó caer sobre el puf de Gemma, se pasó los dedos entre el cabello y suspiró.

–Es simplemente divino. Tiene diecisiete años y un cuerpo de infarto, una sonrisa maravillosa y... –Hizo una breve pausa para obtener un efecto mejor antes de añadir–: Y coche.

–¡Guau! –exclamó Chelsea–. ¡Entonces es rico!

–Sí –asintió Sumitha–, y pasará el próximo fin de semana con nosotros –añadió con voz soñadora.

–¿Cómo es eso? –preguntó Laura, perpleja–. Creía que vivía en Calcuta.

–No, su familia pasa las vacaciones de verano allí con los abuelos. Ellos viven en Londres, pero viajan mucho, y..., a ver si lo adivináis... –Todas la miraron conteniendo la respiración–. ¡Bilu se ha matriculado en el último curso en Bellborough Court!

«¡Jo, menudo fastidio! –pensó Gemma–. Se pasará todo el tiempo con él, y yo seré la única que no sale con un chico.»

–Ese es el colegio de Jon –intervino Laura, cuyo interés se había reavivado repentinamente.

Sumitha le lanzó una mirada furibunda. Ahora que ella era el centro de atención, no pensaba cederle el puesto ni por asomo.

–Sí..., bueno, el caso es que papá estaba hablando con el padre de Bilu en la boda de mi primo y el asunto surgió en la conversación por pura casualidad. Papá dijo que Bilu podía pasar el fin de semana con nosotros cuando sus padres no estuvieran en Londres.

–Creía que tus padres iban con pies de plomo en todo lo relacionado con los chicos –la interrumpió Gemma, que se agarraba a las últimas esperanzas, por frágiles que fueran.

–Esto es lo mejor –dijo Sumitha, acurrucándose en el asiento con una expresión cada vez más feliz–. Como resulta que la familia de Bilu está emparentada no sé muy bien en qué grado con la tía de mi primo, mi padre lo ve como alguien de la familia.

No para de decir que es muy positivo que yo pueda estar en compañía de un buen chico bengalí, educado según los usos y costumbres indios. –La chica se echó a reír–. Probablemente no diría lo mismo si nos hubiese visto en el *mela*.

–¿Dónde? –preguntó Chelsea, quitándose distraídamente el esmalte rosa del dedo pulgar de un pie.

–Es una fiesta que hacen durante el Rathajatra para celebrar la llegada de los monzones –explicó Sumitha–. Asiste todo el mundo, y Bilu me llevó con él... En realidad fue toda la familia, pero nosotros nos escabullimos. –Sumitha suspiró, extasiada–. Bilu me regaló unas flores de jazmín y no me soltó la mano en todo el rato.

–Así que te gusta mucho, ¿eh? –dijo Laura.

¡Si Jon la cogiera de la mano aunque solo fuese un segundo!

–Estoy perdidamente, apasionadamente enamorada –dijo Sumitha.

«Perfecto –pensó Laura–, así nos la quitamos de en medio. De ahora en adelante podré tener a Jon todo para mí. Solo falta convencerlo a él.»

–¿Y cuándo nos lo presentarás? –preguntó Gemma. A lo mejor era un tipo estúpido y horrendo, y así ella no se sentiría tan mal.

–¿Por qué no vamos todos al Stomping Ground el sábado que viene? Así, Sumitha podrá presumir de su nuevo amor –propuso Laura riendo. «Y quizá consiga ver a Jon», añadió mentalmente.

–Es una idea genial –dijo Chelsea.

Sumitha no estaba nada segura de querer compartir con los demás el tiempo que pasaba con Bilu, pero desde luego sería una gran satisfacción mostrárselo a todos. Su maravilloso chico... ¡y con coche, por si fuera poco!

–¿Cómo es Bretaña, Laura? –preguntó Gemma, de pronto, deseosa de abandonar el tema chicos–. ¿Has conseguido librarte de la Estúpida Betsy?

–Desgraciadamente, no tuve ocasión –dijo Laura en tono sombrío–. Esa mujer es más rara que un perro verde. No hacía más que ir al supermercado a comprar ostras y extraños quesos que olían a boñiga de vaca. Además, se pone flores en el pelo y habla con los árboles. Creo que está loca.

–¿Y sus hijos? –preguntó Gemma.

–Como auténticas regaderas –declaró Laura–. Claro que, con una madre como esa, ¿qué se puede esperar? Una tarde montaron un número increíble: Sonia no quería que Daryl, que está completamente chiflado, jugase al ping-pong. Mi padre le dijo que no se comportara como una cría y ella se puso fuera de sí. Lo digo en serio. Empezó a chillar: «¡Tú no eres mi padre y no puedes decirme lo que tengo que hacer!». Entonces papá intentó hacerla razonar, pero ella se puso a gritar que nos odiaba a todos y que preferiría estar muerta. Luego se fue corriendo.

–¿Y qué pasó? –preguntó Sumitha.

–Fui a buscarla para no oír los lloriqueos de Betsy sobre su «pobrecita nena» y el bruto insensible de mi padre. La encontré en la playa llorando. Me dio un poco de pena..., a fin de cuentas solo tiene once años. Estaba sentada allí, lanzando conchas al mar, y seguía diciendo que odiaba a mi padre, que le gustaría verlo desaparecer para siempre y que su madre no debería haberse juntado con un hombre como él.

–Me parece que es más o menos lo mismo que tú dices de tu madre y Melvyn –comentó Chelsea.

–Sí, lo sé, pero..., bueno, no se puede poner en el mismo plano a mi padre y a ese plasta de Melvyn, ¿no? –repuso Laura–. Mi padre es superinteligente y divertidísimo, y esa tía ha tenido una suerte increíble de habérselo encontrado en su camino.

–Ya, pero al menos tu padre es feliz –dijo Gemma en tono conciliador.

–Sí, pero ahora es mi madre la que se comporta de un modo extraño. Basta que yo diga media palabra para que se me eche encima. Se pasa toda la mañana dando vueltas por la casa en bata, más blanca que el papel. A lo mejor ha discutido con Melvyn mientras yo estaba fuera. No me ha dicho nada, pero no sale de casa.

–Me parece que eres un poco dura con ella –dijo Chelsea, que en realidad no lograba entender qué tenía de malo Melvyn.

–¡No, no es cierto! –saltó Laura–. Ya va siendo hora de que siente la cabeza. Esa pasión por Melvyn se le pasará enseguida, y además, no es el tipo apropiado para ella.

–¿Y quién lo dice? –preguntó Gemma con cierta ingenuidad.

–¡Lo digo yo! –respondió Laura, tajante–. Para vosotras es fácil. Vuestros padres siguen estando juntos. ¡No sois en absoluto las hijas traumatizadas de un matrimonio roto! –concluyó con énfasis.

Las demás no dijeron nada. Sabían que era preferible no insistir cuando a Laura le daba uno de sus arrebatos melodramáticos.

–¿Has conocido a algún chico interesante en París? –preguntó Sumitha dirigiéndose a Gemma para cambiar de tema, aunque en realidad hubiera preferido comenzar de nuevo a cantar las excelencias de Bilu.

–Más bien no. No es que no hablara con chicos guapos –se apresuró a añadir–, pero resulta difícil pasar de ahí con el señor Horage rondando siempre a tu alrededor como un carcelero y la McConnell llevándote continuamente a todos los museos posibles e imaginables.

–¡Qué aburrimiento! –exclamó Sumitha, ocultando con una mano un bostezo fingido.

–No, qué va, nos divertimos –insistió Gemma–. Era maravilloso no tener a mi madre dando la lata todo el rato. Aunque ahora está recuperando el tiempo perdido. He encontrado un régimen fantástico y ya ha empezado a decir que voy a morir de inanición.

Gemma se quedó en silencio, esperando que sus amigas dijeran a coro algo así como «¡Gemma, pero si tienes un cuerpo perfecto, no necesitas ponerte a régimen!», cosa que no sucedió.

–¿Y ese chico que conociste en España? –le preguntó Sumitha a Chelsea, llevando una vez más la conversación al tema chicos–. ¿Te ha hecho olvidar a Rob?

–Ni por casualidad –dijo Chelsea–. Rob es mucho mejor. Juan estaba bien para las vacaciones. Me seguía a todas partes, era encantador y no paraba de invitarme a tomar algo y de regalarme bombones. Un día incluso me compró flores.

–¡Guau! –exclamó Gemma. ¿Por qué a ella nadie le compraba nunca flores?

–De todas formas –prosiguió Chelsea, sacudiendo sus rizos castaños y frunciendo los labios–, ya me había cansado de él. Solo le interesaba una cosa.

Las otras chicas se quedaron atónitas. Hasta el momento, lo único que les había interesado a los chicos con los que salían era hacerse con una buena parte de su bolsa de patatas fritas.

–¿Quieres decir...? –preguntó Laura.

–¿Y qué pasó? –preguntó Sumitha, que estaba muy interesada en el asunto.

–Nada –respondió vagamente Chelsea–. Lo mandé a freír espárragos.

Las demás asintieron en signo de total aprobación.

–Claro que sí. Para «eso» hay que estar realmente enamorada –dijo Laura en el tono de quien sabe perfectamente cómo funcionan esas cosas.

–A mí me daría miedo –dijo Gemma con su sinceridad habitual.

–Una comprende enseguida cuándo ha encontrado a la persona apropiada –intervino Sumitha, cruzando los brazos sobre el pecho con aires de experta en la materia.

Chelsea no dijo nada; no tenía ninguna intención de revelar que al final había sido Juan quien la había mandado a freír espárragos, diciéndole que ya se había hartado de salir con una cría.

–Será un curso divertido –dijo alegremente, cambiando de tema–, con el espectáculo teatral y todo lo demás. Sumitha, ¿te presentarás a la prueba para el papel de pilluelo en *¡Oliver!* como te sugirió Horage?

–Quizá, pero solo si no hay ensayos durante los fines de semana, porque probablemente Bilu querrá verme.

Justo en aquel momento la señora Farrant apareció en la puerta de la habitación.

–He pensado que tendríais un poco de hambre, chicas –dijo–. Os he traído algo de comer y beber.

–Gracias, señora Farrant.

–¡Pero mamá! –saltó Gemma, mientras su madre dejaba la bandeja sobre la cómoda–. ¡Las galletitas con forma de animales no, por favor!

7
Odio los lunes

El lunes por la mañana empezó con una mezcla de esperanza y cansancio en muchas casas de Leehampton. En el número 47 de Billing Hill, Jon Joseph estaba engullendo el desayuno para intentar irse antes de que su padre tuviera tiempo de soltar el consabido discurso del primer día de clase sobre cómo esforzarse en los estudios, sobre la necesidad de apuntar alto, etcétera. Aunque hubiera aceptado el hecho de que su hijo no iría a Cambridge, seguro que no renunciaría a su sermón para animarlo a destacar a cualquier precio. Aquel día, sin embargo, el señor Joseph parecía tener otra cosa en la cabeza.

–¡No consigo encontrar la camisa de rayas rojas! –gritó.

–Está en el cesto de la ropa para planchar –contestó su mujer, Anna, preguntándose por qué su marido tenía que utilizar las cuerdas vocales como si tuviese que comunicarse con Bélgica.

–¡Pero la necesito hoy!

Henry entró bamboleándose en la cocina, con unos bóxer verdes y unos calcetines amarillos. Tenía un aspecto más bien ridículo.

–Pues plánchala –repuso tranquilamente Anna

mientras repasaba unas anotaciones y preparaba un maletín.

Henry se detuvo en seco.

–Pero si tú siempre planchas los domingos...

–Esta semana, no. Por si no lo recuerdas, hoy empiezo el curso de decoración y ayer tenía cosas más importantes en qué pensar que en tus camisas... Pero ¿dónde he puesto las pinturas al pastel nuevas?

–Mira, Anna –dijo Henry, nervioso, al tiempo que las mejillas se le ponían peligrosamente rojas–, yo tengo que ir a la oficina. ¿Quién crees que traerá el dinero a casa, ahora que has decidido dejar el trabajo retribuido?

–De momento tú, cariño –respondió ella sin perder la calma–. Ah, mira, aquí están.

–¡Exacto! –exclamó Henry–. Y no puedes esperar que vaya a trabajar con una camisa arrugada, simplemente porque tú empiezas hoy un curso de decoración.

–Pues claro que no, Henry, cielo, jamás esperaría una cosa así –dijo Anna con una sonrisa angelical.

Llevaba cierto tiempo preparándose para escenas de este tipo y ahora que había logrado encontrar el valor suficiente para situarse a sí misma en primer lugar, se sentía eufórica.

–Ahí está la plancha, y la tabla está en el armario –añadió–. Yo me voy. Que tengas un buen día, cariño. –La señora Joseph se volvió hacia Jon, que estaba metiéndose en la boca el último trozo de una tostada e intentaba no reírse–. Jon, si quieres que te lleve hasta la parada del autobús, muévete. No quiero llegar tarde el primer día.

Jon cogió el equipo de rugby y la mochila. Sonrió. Tenía la impresión de que a su padre le resultaba difícil aceptar que su mujer saliera de casa para conocer el mundo.

–Adiós, papá –gritó.

Su padre no respondió. Tenía una camisa en las manos y contemplaba la plancha con la misma expresión temerosa con que hubiese mirado a una cobra. No resulta fácil hablar cuando uno se encuentra en estado de *shock* profundo.

8
Puntos de vista

En la casa de al lado, Gemma Farrant estaba tratando de calcular cuántas calorías hay en un yogur de arándanos y mango y en una rebanada de pan a la brasa (sin mantequilla, solo con una capa finísima de margarina). Una empresa nada fácil, pues desde un lado de la mesa su padre estaba pontificando sobre la importancia del curso y la necesidad de trabajar duro y aplicarse, mientras desde el otro su madre empezaba a ponerse nerviosa porque Gemma no se había comido los cereales.

–Gemma, tesoro, ¿qué ocurre?, ¿no te encuentras bien? –preguntó, preocupada, frunciendo el entrecejo.

–Estoy bien, mamá.

–Debes comer para conservar las fuerzas –insistió su madre–. Tienes por delante un curso difícil, cielito.

–Mamá, ya te he dicho que estoy a régimen. Me he comido un yogur y no tengo más hambre. Y no me llames cielito.

–Pero, cariño, a tu edad es una tontería ponerse a régimen. Necesitas mucha energía y, además, no estás gorda.

Gemma no replicó.

–Andrew, por favor, di algo –añadió Claire dirigiéndose a su marido, en busca de ayuda para convencer a su hija.

–Algo –dijo el padre de Gemma.

9
Madre en crisis

Ginny Gee le dijo adiós a Chelsea, que se iba al colegio, telefoneó al trabajo, dijo que le dolía el estómago y que iría al día siguiente, y se dejó caer en un sillón. ¿Cómo era posible que su hija, con una faldita de cuatro duros, un jersey de canalé comprado en unos grandes almacenes y una raya de eyeliner en los ojos, pudiese parecer una modelo recién salida del *Cosmopolitan*, mientras que ella, Ginny Gee, periodista y autora de la prestigiosa sección «Díselo a Ginny», presentaba ya un aspecto mustio y fatigado incluso cuando se ponía ropa de firma?

Se sirvió una taza de café. No, las cosas no iban nada bien. La factura de la tarjeta de crédito solo era la punta del iceberg. Sabía perfectamente que pocos días después llegaría la de la otra tarjeta, luego el banco se vería en la obligación de recordarle el vencimiento del último plazo del préstamo, y por si fuera poco el tubo de escape estaba a punto de salirse con la suya: separarse definitivamente del coche.

La cuestión era que a ella le encantaba gastar y, cuanto más pasaban los años, más le gustaba. Ir de compras –se tratara de vestidos, libros o simplemente de una jarra para el agua– era como tomarse una aspirina para combatir el dolor de cabeza; resultaba un alivio eficaz, aunque temporal, de las preocupaciones y los problemas de la vida cotidiana.

El drama era que el trabajo ya no le divertía como antes, aunque jamás lo admitiría delante de nadie. Desde que había ganado el premio anual de la crítica como mejor periodista de temas sociales de la región, en el periódico todos esperaban que fuese aún más brillante, ingeniosa y mordaz que de costumbre, y, sinceramente, se sentía un poco agobiada. Las vacaciones habían sido fantásticas y, por primera vez en su vida, no tenía ningunas ganas de volver a trabajar. En otros tiempos nunca se le hubiera ocurrido fingir que se encontraba mal; es más, hubiera ido aunque estuviese enferma de verdad.

Desde la noche anterior, Barry estaba de morros con ella. Sí, claro, sabía que no hubiera debido comprar tantos vestidos, pero bien tenía que hacer algo para subirse la moral. No soportaba la idea de envejecer, ni todos esos kilos que se acumulaban por todas partes, por no hablar de los sofocos que le hacían parecerse a una remolacha y sentirse como una olla llena de curry. Una falda o un par de zapatos nuevos producían un efecto inmediato. Y ahora se le negaba también este pequeño consuelo.

En cualquier caso, darle vueltas al asunto no cambiaría nada. Llamaría a Ruth. Ella sería capaz de darle buenos consejos para ahorrar; durante dos años, antes de que Peter consiguiera vender la casa de ambos, había tenido que sobrevivir en condiciones difíciles y había salido airosa. Además, le apetecía charlar un poco. Se sirvió otra taza de café y se dirigió hacia el teléfono. Por suerte, la llamada que quería hacer no era interurbana. Y una larga conversación para intercambiar chismorreos valía todo el oro del mundo.

10
Madre en decadencia

Laura estaba a punto de salir cuando sonó el teléfono. «A lo mejor es Jon, que se muere de ganas de verme», pensó, esperanzada. Al segundo timbrazo cogió el auricular.

–Leehampton 870775, Laura Turnbull al aparato.

No era Jon.

–Ah, hola, señora Gee. Sí, bien, gracias. Ahora llamo a mamá. –Laura gritó en dirección a la escalera–: ¡Mamá, es la madre de Chelsea que pregunta por ti!

Silencio.

–¡Mamá! ¡Te llaman por teléfono!

Laura subió la escalera a toda prisa y empezó a aporrear la puerta del cuarto de baño.

Se oyó un ruido inconfundible de arcadas.

–Mamá, ¿te encuentras bien?

–No, no me encuentro nada bien –contestó Ruth con un débil lamento–. Vete.

Laura bajó de nuevo corriendo.

–Mamá no se encuentra muy bien... Dice que la llamará más tarde. ¿Cómo? Vale, entonces le digo que volverá a llamar usted.

Laura colgó y se quedó vacilando un momento.

Quería salir pitando para ver si se encontraba en la parada del autobús con Jon, que iba a Bellborough, pero quizá sería mejor quedarse para ver cómo estaba su madre.

Justo en ese momento, Ruth Turnbull apareció en lo alto de la escalera. Tenía el semblante de un color gris cemento y, a juzgar por la forma en que se agarraba a la barandilla, ni siquiera era capaz de mantener el equilibrio.

–¡Mamá, tienes un aspecto horrible!

–Vaya, gracias –contestó Ruth con un hilo de voz–. Debo de haber comido algo que me ha sentado mal. No es nada grave, enseguida me encontraré mejor.

–Bueno, entonces me voy. Hasta luego –dijo Laura, antes de precipitarse hacia la puerta con la gracia y la delicadeza de un búfalo.

«Una típica demostración de afecto filial», pensó Ruth.

11
Seré famoso

–¡Ya estoy de vuelta! –dijo Barry, excitado, agitando un sobre ante la cara de Ginny–. ¡Eh!, ¿qué haces todavía aquí? ¿No tenías que ir a trabajar?

–No, iré mañana –contestó Ginny sin entrar en detalles–. ¿Qué pasa?

–¡Es la convocatoria para Superchef! «Le rogamos que se presente en los estudios de la BBC a las nueve horas del próximo uno de noviembre para la grabación.» ¡Lo he conseguido, Ginny, me han seleccionado para la primera fase!

–Qué bien –dijo ella, tratando de encontrarle algún interés a la noticia–. ¿Te pagarán?

–Bueno, no, a no ser que gane. Si gano, hay un premio de mil libras y te regalan un juego completo de utensilios de cocina y, además, te publican tus recetas, y...

–Entonces, supongo que habrá que olvidarse de la posibilidad de que te pongas a buscar un trabajo de verdad..., ya sabes, de esos en los que pagan a final de mes –dijo Ginny en tono sarcástico.

–Santo cielo, Ginny, pero ¿no puedes demostrar un mínimo de entusiasmo? Yo siempre te escucho cuando respondes a las preguntas que te hacen por teléfono y leo cada una de las malditas palabras que escribes. ¿No podrías al menos fingir que te interesa esto?

–Perdona.

–Por cierto, creo que dentro de unos días empezaré a ganar un poco de dinero –añadió Barry.

El rostro de Ginny se iluminó.

–¡Fantástico! ¿De qué se trata?

–Bueno...

–¿Te darán de alta en la seguridad social? ¿Cuánto ganarás? ¿Te proporcionarán un coche? –Ginny no podía parar.

Barry sabía que su idea era genial. Solo le faltaba convencer al director del banco para que le concediese un préstamo, comprar un par de cosillas para empezar y asunto resuelto. Ginny se sentiría orgullosa de él.

–Vamos –lo animó su mujer–, cuéntamelo todo. ¿Qué clase de trabajo es?

–Espera y lo verás –respondió Barry. Más valía no adelantar acontecimientos.

12

Nuevos inicios

Jon estaba sentado en el autobús que lo llevaba al colegio. Confiaba en que aquel curso pasara con la rapidez de un rayo. No es que odiara Bellborough Court, pero no veía la hora de empezar el bienio especializado en arte y dibujo en la escuela de Lee Hill, adonde iban muchos de sus amigos. Rob había dicho que en Navidad representarían *¡Oliver!* Habría sido realmente fantástico hacerse cargo de las coreografías..., su mente ya se apresuraba a idear los bocetos para las escenas y los juegos de luces. El problema era que en todos sus esbozos mentales aparecía Sumitha en el centro del escenario. Cada vez que se ponía a dibujar, el rostro de ella lo miraba desde el centro de la hoja. ¿Cómo podría volver a verla? Quizá el sábado por la tarde iría al Stomping Ground; o quizá no. Recordó que su padre era contrario a las discotecas y que la última vez había conseguido ir mintiendo. Pero valía la pena intentarlo.

Cuando el autobús estaba llegando a la verja del colegio, se produjo un momento de confusión seguido de un estruendo de bocinas. Jim, el conductor del autobús, por lo general relajado y tranquilo como una tortuga, soltó unas maldiciones y frenó en seco.

–¡Malditos chiquillos cargados de dinero! –masculló entre dientes.

Jon miró a través de la ventanilla empañada.

–¿Qué pasa? –le preguntó al chico sentado frente a él.

–Es Bilu Chakrabarti, que debe de estar haciendo el fantasma –contestó su compañero con una sonrisita–. Parece que lleva un coche nuevo. Supongo que a la hora de comer ya lo sabrá todo el colegio.

Jon sonrió. Bilu no destacaba precisamente por su modestia. Capitán del equipo de *cricket* y campeón de saltos de trampolín, era de esos a los que todo les sale siempre bien. La mitad de las chicas del colegio estaban locamente enamoradas de él, pero a los chicos no les caía muy bien. Jon tenía la sensación de que para Bilu los coches veloces y la ropa de marca eran más importantes que las personas.

Pero Jon tenía otra cosa en la cabeza. Se le acababa de ocurrir una idea sensacional para una historieta y tenía que dibujarla fuera como fuese antes de que sonara el primer timbrazo de aviso.

13
Nuevas amistades

Justo en ese momento la madre de Jon atravesaba sin demasiado entusiasmo el umbral del Aula Magna del Instituto de Estudios Superiores de Leehampton. ¿Qué hacía ella allí?, se preguntó, mirando la sala abarrotada. Podría ser la madre de la mayoría de los estudiantes y lo sabía. A pesar de que aquella mañana había tardado más de una hora en vestirse, se sentía fuera de lugar con su falda de seda y su chaqueta con bordados. Quizá Henry tenía razón: había cedido a un estúpido y caprichoso impulso de la edad madura. Hubiera hecho mejor continuando con las composiciones de flores secas.

–Hola, ¿es usted nueva aquí? –Anna se volvió y vio a un joven alto y rubio, que le sonreía agitando en el aire un papel–. Estoy buscando la ventanilla de las matrículas para el primer curso de decoración..., ¿sabe dónde está?

–Es el curso que voy a hacer yo también –dijo la señora Joseph, sintiéndose aliviada–. Creo que está allí, en aquella esquina –añadió señalando un punto fuera de la sala donde, pegado a una columna, había un cartel apenas visible.

–Perfecto..., vamos. Por cierto, me llamo Vernon –dijo el joven, tendiéndole la mano.

–Yo me llamo Anna, Anna Joseph. ¿Has hecho alguna vez un curso de este tipo?

«No era ni mucho menos de su edad –pensó–, pero al menos había superado los veinticinco años.»

–No, qué va –contestó Vernon riendo mientras se ponían en la cola–. Acabé la licenciatura antes del verano y, para no quedarme en casa esperando que me caiga un trabajo del cielo, he decidido que este es el momento de hacer lo que siempre he deseado. Será divertido, estoy convencido. Y en cualquier caso será un reto, limitado pero seguro.

«Sí –pensó Anna–, y eso es exactamente lo que yo necesito. Por una vez puedo hacer algo por mí misma.»

14
Baby blues

La señora Farrant, sentada a la mesa de la cocina, estaba llorando ante el almuerzo. Los gemelos habían empezado a ir a la guardería a jornada completa y en casa no había nadie. El silencio era tal que se podía oír el tictac del reloj. Había encerado el dormitorio de los niños, cambiado las sábanas de la cama de Gemma y preparado el pastel de queso y cebolla, y apenas eran las once. ¿Qué haría hasta las tres de la tarde? ¿Y al día siguiente?

Como si tuviera telepatía, el teléfono sonó en ese momento. Era la señora Banerji. Parecía apurada.

–Claire, necesito ayuda. ¿Puedes venir ahora mismo al Centro? Por favor, solo será un par de horas. Ellie, la chica que dirige nuestra guardería, está enferma, y yo me encuentro con ocho niños de menos de tres años y una clase de señoras que quieren aprender inglés. Soy un desastre con los niños pequeños. Por favor, Claire.

–Voy inmediatamente –dijo Claire.

La idea de pasar una mañana con un grupo de niños pequeños le puso alas en los pies.

15

¿Por qué precisamente a mí?

–Leehampton 870... Ah, hola, Ginny...

A pesar de que era una de sus mejores amigas, en aquel momento no tenía ganas de hablar con nadie.

–Hola, Ruth, ¿te encuentras mejor?

–Bueno..., no demasiado. Tengo... –empezó a decir Ruth, extenuada.

Pero Ginny no la dejó continuar.

–Pues aquí se ha armado una buena y necesito hablar con alguien antes de volverme loca del todo. ¿Puedo ir a tomar un café a tu casa? He llamado al trabajo y he dicho que estaba enferma.

«¿Enferma? –pensó Ruth–. Yo voy a morir de un momento a otro.»

–¿Ruth? –La voz de Ginny era insistente–. ¿Estás ahí?

–Sí –dijo Ruth suspirando. Pero ¿por qué no se le cerraba el estómago al menos durante cinco minutos?–. Sí, estoy aquí.

–Ah, bien, pues no tardo ni cinco minutos. Necesito urgentemente un consejo.

Ruth se arrastró hasta la cocina y se dejó caer sobre una silla. Tal vez si comía algo se sentiría mejor. Preparó de mala gana un par de tostadas, extendió por encima un poco de margarina y empezó a mordisquear el pan. Su estómago no lo aceptó. Ruth se precipitó de inmediato hacia el cuarto de baño.

16
Reparto de papeles

Mientras la madre de Laura vomitaba el desayuno en el retrete, su hija estaba escuchando el discurso que el director, el señor Todd, pronunciaba el primer día de curso en el Aula Magna. Escuchar quizá sea una palabra un tanto exagerada: Toddy repetía más o menos lo mismo todos los años y, por lo tanto, bastaba con registrar distraídamente los conceptos esenciales. Hasta que la palabra *Oliver* penetró en sus oídos, Laura no empezó a prestar atención.

–Colgaré en el tablón de anuncios la lista para las pruebas. –Todd sonrió al grupo de estudiantes–. Y os aconsejo que participéis. Si no queréis declamar, hay un montón de tareas que no lo exigen: ayudante de luminotecnia, apuntador..., también se necesita a alguien que diseñe el programa y los carteles... Y recordad siempre, muchachos, que...

–... que lo que cuenta es participar.

Los 250 estudiantes sabían que era una de las frases preferidas de Toddy.

LISTA PARA LAS PRUEBAS DE *¡OLIVER!*

Papel	Nombre
Oliver	Dougie Glass James Gill
Mr. Brumble	Robert Goodwin Ian Morris Collin Nisbet
Nancy	Rob Antell
Bill Sykes	Ben Grantley EDWARD STAMMERS Sumitha Banerji
Pilluelo	JO BOND Tim Pryor
Fagin	Russell Marlytein Grant Nisbet

Los que quieran formar parte del coro, es decir, los huérfanos, la banda de Fagin, las chicas de la taberna, los vendedores ambulantes, etc., que escriban su nombre a continuación:

Samantha Browning PIPPA JEFFERSON Adam Dunster
Leroy Warren Sally Bird Dipti Ajaz
Tana Andrews JOANNE MITTON
Scott Goldsmith Caroline Palmer

Laura había pensado mucho en *¡Oliver!* Si consiguiera un papel protagonista, encontraría la manera de hacer que Jon fuese a la representación, y él, impresionado por su interpretación, se enamoraría locamente. El problema era que Laura no sabía cantar y detestaba bailar. Sin embargo, era un plan demasiado genial para renunciar a él tan pronto. Es más, se le había ocurrido una idea brillante.

–Eh, Chelsea, mira –dijo Gemma durante la hora de la comida–. Rob hará la prueba para el papel de Bill Sykes. No nos lo habías dicho.

«Porque él no me lo ha dicho a mí», pensó Chelsea, apesadumbrada, mirando la lista de nombres.

–¿Alguien sabe quién hará de Nancy? –preguntó Laura maliciosamente–. Con todos esos arrullos y esas caídas de ojos... Quizá debería intentarlo yo –añadió.

–Tú no sabes cantar –dijo Chelsea, que tampoco estaba muy dotada vocalmente.

–Es verdad –admitió Laura–. ¡A saber a quién se lo darán! Tal vez a Mandy Fincham: tiene una voz fantástica. Sería una Nancy perfecta, todo el tiempo enseñando las piernas...

Chelsea estaba a punto de echarse a llorar. Cuando Mandy Fincham se sentaba en un banco, cruzaba las piernas, echaba hacia atrás su maravillosa melena rubia y exhibía su sonrisa de anuncio de dentífrico, desprendía seguridad en sí misma por todos los poros de la piel. Ante semejante visión, a los chicos del equipo de rugby se les convertían las rodillas en gelatina. No había otro remedio: por más que Chelsea detestara el teatro, tendría que presentarse a la prueba. O eso, o morir con el corazón roto. Contrariada, añadió su nombre a la lista.

17
Un embarazo inesperado

Ruth Turnbull abrió la puerta y se encontró ante Ginny Gee vestida con unos pantalones cortos y una camiseta rojo escarlata y amarillo canela: una visión deslumbradora para cualquiera, pero para Ruth un auténtico atentado contra el estómago.

–Hola, Ruth, ¿cómo estás? –dijo Ginny al tiempo que entraba–. ¡Dios mío, tienes un aspecto horrendo! ¿Has pillado esa gripe intestinal que corre por ahí?

–Hummm... –dijo Ruth vagamente–. ¿Qué es lo que va mal? Has dicho que necesitabas un consejo. Ah, por cierto, ¿te importaría preparar tú la cafetera? Esta mañana, la cocina no es el sitio ideal para mi estómago.

Ginny entró en la cocina; las sandalias doradas de tacón de aguja repiqueteaban en las baldosas de mármol. Ruth la siguió, arrastrándose, y se apoyó en el marco de la puerta.

–Dinero –dijo concisamente Ginny–. El problema es que no tenemos bastante.

«¡Dios, qué mal me encuentro!», pensó Ruth.

–¡Oh, no! –exclamó, deseando que su tono de voz denotase interés. Para ser sinceros, en aquel momento solo conseguía pensar en sus propios problemas.

–Barry dice que la culpa es mía, que gasto demasiado y que debo hacer recortes –prosiguió Ginny–. Pero me cuesta aceptarlo porque no puedo olvidar que soy yo la que llevo el dinero a casa. Así que he pensado que, como tú estabas siempre sin blanca desde que Peter te dejó, eres la persona más apropiada para darme algunos consejos y explicarme cómo se ahorra. Tú siempre lo tienes todo controlado, en cualquier situación.

Al oír aquella frase, Ruth rompió a llorar.

–Oh, Ruth, no pretendía..., bueno, cuando he dicho que estabas siempre sin blanca quería decir que...

–No, no, no pasa nada –sollozó Ruth, registrando el bolsillo de la bata en busca de un pañuelo de papel–. No es eso... Bueno, será mejor que te lo diga. Pero ni una palabra a nadie, ¿me lo prometes?

–Palabrita del Niño Jesús, como decíamos de pequeñas –contestó Ginny–. Pero ¿qué ocurre? ¿Cuál es el problema?

–Estoy..., bueno, verás... Oh, no, creo que voy a vomitar otra vez –dijo Ruth, dirigiéndose apresuradamente al cuarto de baño.

«Santo cielo –pensó Ginny–, ¿no estará...? Dios, no. No es posible.»

Ruth volvió.

–Ruth, ¿no estarás...? Quiero decir..., las náuseas y todo eso...

Ruth asintió.

–Sí –dijo–, estoy embarazada.

Ginny se quedó mirándola con la boca abierta.

–¡Oh, no! ¡Mierda! –se le escapó–. Esto..., quiero decir..., bueno, enhorabuena.

–Creo que «¡oh, no, mierda!» es un comentario más apropiado –dijo Ruth con amargura.

–Pero ¿cómo ha pasado?

A pesar de las náuseas, Ruth se echó a reír.

–¡Esta sí que es buena! Tú, la redactora de «Díselo a Ginny, sección de consejos para las más jóvenes y menos expertas»... En fin, yo diría que ha pasado igual que pasa siempre.

–Ya, pero, quiero decir..., ¿no tomabais precauciones?

–Sí, claro, utilizo el diafragma. Pero algunas veces se me olvida ponérmelo. Qué estupidez, ¿no?

–¿Y qué dice Melvyn? –preguntó Ginny, que estaba intentando reprimir un torrente de emociones del tipo: «¿Qué se siente al tener un hijo a los cuarenta y dos años?», o «Gracias a Dios que no me ha ocurrido a mí», o «Cuánto me gustaría que me hubiera ocurrido a mí», o «Le regalaré un par de calcetinitos con puntillas».

Ruth se mordió un labio.

–No se lo he dicho –admitió–. Y a Laura tampoco.

–Bien –dijo Ginny adoptando el tono de Periodista Superexperta–, pues no puedes seguir aplazándolo. Tienes que decírselo a los dos.

–Lo sé –dijo Ruth–. Pero, Ginny, ¿cómo me las arreglaré con un niño? Quiero decir..., ¡tengo cuarenta y dos años, santo cielo! Levantarse a media noche y todo eso... ¿Y si Melvyn sale corriendo cuando se entere? ¿Qué hago?

–En tal caso, la única conclusión es que a un hombre así era preferible perderlo de vista –dijo Ginny en tono resuelto–. Pero estoy convencida de que dará saltos de alegría. –Ginny escrutó el rostro de su amiga–. Y tú..., ¿cómo te sientes?

–Bien –dijo Ruth–, en un cincuenta por ciento no me lo acabo de creer, en un veinticinco estoy aterrorizada, y en el otro veinticinco no quepo en mí de alegría. –Intentó tomar un sorbo de café. Estaba empezando a encontrarse mejor–. Lo más difícil –añadió, sombría– será decírselo a Laura. No va a ser nada sencillo.

«¡Cuánta razón tienes!», pensó Ginny. Pero no dijo nada.

18
Aguas turbulentas

La primera semana del curso se reveló mucho más rica en acontecimientos de lo previsto. En casa de Chelsea, el lunes por la mañana empezó con una tormenta: gritos, portazos, carreras por la escalera...

–¿Qué demonios pasa? –preguntó Chelsea mientras su madre arrojaba el listín telefónico contra la puerta del salón.

–¡Pregúntaselo a tu padre! –respondió Ginny antes de encerrarse en la cocina.

–¿Papá? –dijo Chelsea, mirando al otro lado de la puerta del salón–. ¿Papá? ¿Qué pasa?

–¡Pregúntaselo a tu madre! –respondió él con mirada torva.

Chelsea se encogió de hombros y volvió a su habitación. Diez minutos después, la riña comenzó de nuevo.

–¿Qué quiere decir que te lo has gastado? –gritó su padre.

–Bueno, pensé que...

–No, tú no pensaste nada –la interrumpió Barry–. Pero ¿te has vuelto loca o qué? Supongo que será la edad. Por lo menos yo estoy intentando encontrar una solución a nuestros problemas. En cambio tú no tienes nada mejor que hacer que ir a una boutique a empeorar las cosas.

–¡Vete a freír espárragos! –gritó la señora Gee.

–¡Mamá! ¡Papá! ¿Queréis parar de una vez? –gritó Chelsea. No estaba acostumbrada a oírlos discutir de aquel modo y no le gustaba en absoluto.

Justo en aquel momento llamaron a la puerta.

Nadie fue a abrir.

El timbre sonó de nuevo.

–Ya voy yo –dijo Chelsea suspirando.

Rob estaba de pie frente a ella, con un montón de folios bajo el brazo. El estómago de Chelsea dio un doble salto mortal.

–Hola, Chelsea –dijo el chico–. ¿Está tu madre?

–No, no estoy. Me largo, ¡y no os extrañéis si no vuelvo nunca más!

La señora Gee, con una expresión furibunda pintada en el rostro, pasó como una exhalación entre los dos muchachos, dejándolos estupefactos.

–¡Ma... má! –balbuceó Chelsea mientras su madre salía por la puerta, subía al coche (enseñando, pensó su hija, una porción de muslo absolutamente superflua), conectaba el motor y se alejaba.

–Hummm, perdona –dijo Chelsea, tratando de sonreír–. Debe de haberse vuelto loca.

–No te preocupes –contestó Rob–. Mi madre también lo hace. Papá dice que es la edad..., pero yo creo que lo que pasa es que no le funciona bien el cerebro.

Chelsea se echó a reír.

–¿Te apetece tomar un café?

Rob recordó el día que su madre rompió a llorar en el autobús número 11 delante de seis amigos suyos.

–¿Por qué no? –dijo–. Los hijos, que tenemos la cabeza encima de los hombros, debemos cerrar filas, ¿no?

«¡Cuánto le quiero!», pensó Chelsea.

19

Melvyn da saltos de alegría

El jueves, la señora Turnbull llamó a Melvyn a la oficina.

–Necesito verte enseguida –dijo.

–Estaré en tu casa hacia las siete –repuso Melvyn, mirando distraídamente la pantalla del ordenador.

–¡No, he dicho enseguida, ahora! –dijo Ruth. Y rompió a llorar.

–Tengo un escape de agua en casa –le explicó Melvyn a su jefe mientras cogía la chaqueta y se dirigía a toda prisa hacia la puerta–. Tengo que avisar inmediatamente a un fontanero.

«¿Qué voy a decirle? –pensó Ruth–. ¿Cómo se lo voy a decir? "Hola, Melvyn, vas a ser padre." No, demasiado directo. "Hola, cariño, tengo que darte una noticia maravillosa"... No, no es apropiado. Saldrá huyendo, estoy segura.»

El timbre sonó.

«Calma y sangre fría», se dijo. Abrió la puerta.

–¿Qué pasa, cielo? –preguntó Melvyn, cogiéndola de un brazo y conduciéndola al salón.

–Estoy embarazada –dijo Ruth. «Un alarde de tacto y diplomacia, no se puede negar», pensó, tragando saliva.

Melvyn se quedó mirándola boquiabierto, con expresión de incredulidad.

–¿Que estás qué?

«Lo sabía, estaba segura de que se pondría hecho una furia», pensó Ruth, apesadumbrada.

–Lo siento, de verdad, ha sido una estupidez, yo...

–Espera un momento, espera un momento. Dilo otra vez, por favor.

–Voy a tener un hijo... Un hijo tuyo –añadió Ruth, por si Melvyn sentía la tentación de atribuirle a ella sola la responsabilidad de la procreación.

Pero en el rostro de Melvyn ya estaba apareciendo una enorme sonrisa. Abrazó a Ruth, la cogió en brazos y empezó a dar vueltas por la habitación.

–¡Es maravilloso!... ¡Un hijo! ¡Nosotros! ¡Increíble! –exclamó, llevándose las manos a la cabeza.

Ruth se mordió un labio.

–¿Estás seguro de que es maravilloso? Me refiero a que económicamente no nos lo podemos permitir, ¿no? Y además yo soy demasiado mayor, ¿no crees? ¿Qué vamos a hacer?

–No podría ser más feliz –dijo Melvyn–. Tengo treinta y cinco años y no veo la hora de ser padre..., creí que no sucedería nunca. ¿Económicamente? No solo podemos, sino que nos lo permitiremos, no te quepa la menor duda. Y por lo que se refiere a la última pregunta, vendré a vivir aquí y empezaré a ocuparme de ti como es debido.

Ruth se quedó mirándolo. Aún no había pensado en la organización de la vida en casa. Sabía con toda seguridad que había como mínimo una persona que no lo aprobaría.

–Queda un cabo suelto.

–¿Cuál?

–Laura –dijo Ruth–. Todavía no se lo he dicho.

20
La fascinación de las candilejas

–Y por eso tengo el placer de anunciar que Rob Antell interpretará el papel de Bill Sykes, Sumitha Banerji el del Pilluelo y...

Chelsea contuvo la respiración.

–Mandy Fincham el de Nancy.

El señor Horage dirigió una sonrisa radiante a la sala.

«¡Maldición!», pensó Chelsea.

–Mandy ha estado fantástica, ¿verdad? –dijo Rob, entusiasmado, cuando la multitud se dispersó para ir a tomar unos refrescos–. Será estupendo trabajar con ella.

Chelsea tenía ganas de llorar. Precisamente cuando pensaba que las cosas entre Rob y ella estaban tomando un buen giro... Tal vez después de todo su madre tenía razón. Había que forzar las cosas para conseguir lo que uno quería. Su madre sabía imponer su presencia en cualquier parte y jamás permitía que tontas inhibiciones la bloquearan. Quizá la única solución era exhibirse bajo los focos. Tenía que pensar en ello, tenía que hacer algo. De una cosa estaba segura: no dejaría que esa estúpida de Mandy Fincham le birlara a Rob.

Mientras Chelsea decidía si sería oportuno o no echar un poco de cianuro en la bolsa de patatas de Mandy Fincham, el señor Horage estaba asignando los papeles a los sustitutos por si alguno de los actores titulares no se hallaba en condiciones de actuar el día de la representación.

–Y me gustaría que tú, Gemma Farrant, te preparases para el papel de Nancy –anunció.

–Pero yo no puedo –protestó Gemma–. Quiero decir que...

–Claro que puedes, Gemma –dijo el profesor–. Tienes una voz preciosa y una memoria excelente. No entiendo por qué no te has apuntado en la lista para uno de los papeles principales. En fin, en cualquier caso serás de gran ayuda en el coro, y si Mandy no pudiera actuar, la sustituirías.

–Vamos, Gemma, acepta –dijo Mandy Fincham–. De todas formas, no harás ninguna falta, porque por nada del mundo me perdería esta oportunidad, ¡ni aunque tuviese la peste bubónica!

–Está bien, acepto –dijo Gemma.

«Con tal de que me dejen en paz», pensó.

–Creo que ya he asignado todos los papeles –dijo Horage mirando la pizarra–. Necesito alguna chica más para el coro: vendedoras ambulantes, chicas de taberna y similares. ¿Alguna voluntaria?

–Yo –dijo Chelsea.

Si no podía actuar al lado de Rob, al menos estaría en el escenario con los ojos constantemente clavados en ellos para controlarlos.

Alguien más levantó el brazo.

–Perfecto –dijo el señor Horage–. Gracias a todos y buen trabajo. Ah, Laura Turnbull se ha ofrecido voluntaria para encargarse de la promoción del espectáculo: carteles, programas y demás, así que los que tengan alguna idea o sugerencia que hablen con ella –concluyó–. Gracias de nuevo por haber venido. Los ensayos empezarán el próximo lunes, inmediatamente después de las clases.

–¿Qué es esa historia de que vas a encargarte de la promoción? –le preguntó Chelsea a Laura mientras se dirigían a la parada del autobús–. Habrá que dibujar los carteles y los programas. Creía que lo que se te daba bien era escribir... Eh, espera un momento..., ¡ya lo entiendo!

Chelsea se volvió hacia su amiga y sonrió.

–Le pedirás a Jon que te ayude, ¿verdad? Lo halagarás pidiéndole consejo y «recurriendo a su mayor experiencia»...

–Y si lo hiciera, ¿qué? –repuso Laura a la defensiva, molesta porque alguien hubiese descubierto enseguida su brillante plan–. Él sabe mucho de esas cosas.

21
Sueños y proyectos

La señora Banerji se sintió muy feliz al enterarse de que su hija había obtenido un papel importante en la representación escolar; así pensaría en algo que no fuese Bilu. Rajiv estaba convencido de que Bilu ejercería una influencia positiva en su hija, pero Chitrita no estaba tan segura. El muchacho tenía maneras refinadas, sabía cómo comportarse en sociedad y, naturalmente, pertenecía a una familia muy respetable. Pero había algo que no le convencía.

Sumitha se desvivía por ser amable: ayudaba a su madre a servir la cena, le preguntaba a su padre cómo le había ido en el hospital, incluso había ayudado a su hermanito Sandeep a hacer una máscara con la caja de los cereales y había conseguido no subirse por las paredes cuando él le había manchado el cuello de la camisa con el rotulador rosa.

–¿A qué hora llega Bilu mañana? –preguntó el señor Banerji.

–A las seis –se apresuró a responder Sumitha–. Irá a buscar el coche a casa del director, que es donde lo deja, y luego vendrá aquí.

–Eso es un joven juicioso –murmuró su padre.

«Ve preparando el terreno», pensó Sumitha.

–Papá, ¿te molestaría que llevase a Bilu al Stomping Ground el sábado por la tarde? –preguntó conteniendo la respiración.

«Ah –pensó la madre de Sumitha–, esta es la explicación de todas las amabilidades de la semana.»

–¿A la discoteca? –preguntó su padre con el entrecejo fruncido–. ¿A aquella a la que fuiste sin mi permiso?

–Sí, pero no volveré a hacerlo, he aprendido la lección –dijo Sumitha, adoptando lo que se suponía que debía parecer una expresión de arrepentimiento–. Por eso te lo pregunto. No pasará nada porque iré acompañada de Bilu.

–Bueno –dijo su padre, dubitativo–, no sé qué dirían los padres de Bilu si supieran que mi hija tiene permiso para frecuentar sitios de esa clase. Como sabes, lo han educado según sanos principios indios.

–Precisamente por eso estaré segura con él. ¿Me dejas por lo menos preguntarle si le apetece ir?

–Está bien, pero creo que dirá que no. Y si dice que no, no hay más que hablar.

–Sí, papá –asintió dócilmente Sumitha.

«¡Asunto resuelto!», pensó.

Mientras Sumitha estaba ocupada congraciándose con su padre, la madre de Gemma estaba intentando congraciarse con su hija.

–Tu padre tiene un torneo de golf el domingo

que viene y he pensado que sería una idea estupenda que lo acompañáramos todos al club –dijo la señora Farrant–. Han organizado un día al aire libre para las familias, con actividades en la piscina y juegos para los más pequeños. Será divertido, ¿no?

–Grandioso –farfulló Gemma mientras seguía hojeando el último número de *¡El Grito!*–. ¿Y es necesario que vaya yo?

–Pues claro, cielito, porque hace poquísimo que tu padre pertenece al club y será una ocasión perfecta para que hagas amistades. Allí hay gente muy importante –añadió con orgullo, como si fuese mérito suyo.

Gemma suspiró.

–Será un aburrimiento mortal, y además tengo que hacer un montón de deberes –dijo, presa de una súbita inspiración.

–Entonces será mejor que los hagas el sábado por la tarde en vez de ir a la discoteca, ¿no te parece?

–Está bien, ya veré. Si no hay más remedio...

–Así me gusta, cielito. Ya verás cómo te diviertes. ¿Quieres que te planche la faldita de gaviotas?

–¡No! –contestó Gemma subiendo la voz–. Yo decidiré lo que me pongo, ¿vale?

Claire Farrant exhaló un suspiro mientras Gemma se encerraba en su habitación. Su hija estaba creciendo (ni siquiera ella conseguía ya fingir que no era así) y ya no quería tener a su madre constantemente delante y detrás. A decir verdad, algunas veces Claire tenía la sensación de que ya no la quería nadie: Sam tenía casi ocho años y lo único que le interesaba era el fútbol, los gemelos se pasaban el día en la guardería, y de pronto los días parecían interminables.

Había pasado unos ratos fantásticos en la guardería de la escuela de inglés de la señora Banerji, rodeada de niños pequeños, haciendo dibujos con los dedos y jugando en la arena... Había recordado cuando Gemma era pequeña. Y adorable. Y obediente. Pero Ellie, la chica que se ocupaba de ellos, ya se había recuperado de la gripe y había vuelto al trabajo.

«¿Y ahora qué hago?», se preguntó Claire.

Pensamientos no del todo diferentes se agolpaban en la mente de Henry Joseph esa misma mañana. Acababa de llevar a una joven pareja a visitar una de las casas del nuevo complejo residencial Ibstock y, mientras escuchaba sus comentarios excitados, se sentía cada vez más deprimido. Aquellos dos le habían recordado sus primeros años de matrimonio, cuando Anna y él vivían en un cuchitril, en el último piso de una vieja casa victoriana que a ellos les parecía el paraíso.

En aquella época tenía muchas ambiciones y todavía más esperanzas. ¡Oh!, muchísima gente hubiera dicho que Henry Joseph se había abierto camino: socio de una prestigiosa agencia inmobiliaria, una bonita casa en Billing Hill, su hijo en un colegio privado. Pero, todo eso, ¿para qué? ¿Qué sentido tenía en el fondo?

Incluso las esperanzas sobre el futuro de Jon parecía que no iban a hacerse realidad. Al darse cuenta de que su carrera tenía un límite, Henry había concentrado todas sus ambiciones en Jon, con la esperanza de que un día su hijo se convertiría en un abogado famoso. Pero finalmente había comprendido que la idea de la escuela de bellas artes era algo más que un simple capricho pasajero. En su tiempo libre, Jon no hacía otra cosa que dibujar y pintar, y ahora Anna se había lanzado también a aquella aventura del curso de decoración. En lo sucesivo, aquel par se pondrían a hablar durante horas de Rembrandt y Andy Warhol, y él se quedaría marginado.

No soportaba la idea de quedar excluido de la vida de Jon. Siempre había dado por sentado que Anna y él tendrían un montón de hijos, pero por alguna razón las cosas habían salido de otro modo. Tenía que mantenerse unido a Jon. Tenía que encontrar una manera de reforzar sus vínculos para seguir representando un papel importante en su vida.

22
La hora de la verdad

Llegó la tarde del sábado y la señora Turnbull comprendió que no podía seguir aplazándolo. Laura iba a ir al Stomping Ground esa misma tarde y Melvyn iría el domingo a comer. Si no se lo decía ahora, no tendría otra ocasión, y, además, Melvyn se hallaba en tal estado de excitación que podría escapársele cualquier cosa y provocar un desastre.

Llamó a la puerta de la habitación de Laura.

–¿Puedo entrar, cielo?

Del otro lado salió un gruñido que parecía de asentimiento. Laura, con los cabellos rojizos sujetos por una cinta elástica, estaba sentada frente al espejo del tocador, la frente fruncida, la boca abierta, y en la mano un lápiz de ojos.

–¿Ya estás bien? –preguntó.

Su madre había vuelto a encontrarse mal esa mañana, pero probablemente era debido al vino que seguro que había bebido la tarde anterior con la señora Gee. Además, no podía ser nada grave, porque cuando Laura regresaba a casa del colegio siempre estaba en una forma excelente.

–Bueno, no exactamente...

«Dios, no va a ser nada fácil», pensó la señora Turnbull dejándose caer en la cama y pasándose las manos por el pelo. ¿Por dónde iba a empezar?

–¿Qué pasa? No irás a decirme que todavía te encuentras mal –repuso Laura en tono acusatorio.

–No. Sí. Es decir, no exactamente –dijo su madre–. Bueno, verás...

–¡Dios mío! –la interrumpió la chica, dejando caer el eyeliner y volviéndose hacia ella–. No tendrás una de esas terribles enfermedades, ¿verdad? ¿Es por eso por lo que vomitas? Te han dado pocas semanas de vida y yo voy a quedarme huérfana... Dios...

–¡No! No, claro que no. No seas tonta, no estoy mal..., bueno, no en ese sentido –dijo la señora Turnbull–. El caso es que... –Aspiró profundamente y añadió–: Estoy embarazada.

Laura miró a su madre con expresión de incredulidad.

–¿Que estás QUÉ?

–Estoy embarazada, voy a tener un hijo –dijo Ruth sonriendo relajadamente, o al menos eso esperaba–. A principios de marzo más o menos.

–Un hijo... ¿Tú? Pero, no puedes, quiero decir..., ¡es asqueroso! –gritó Laura, tirando al suelo sin querer una caja de polvos para la cara–. ¡Tú, a tu edad, un hijo! ¡Oh, mamá!, ¿cómo has podido? –Los ojos de Laura estaban anegados en lágrimas de rabia–. Supongo que el responsable de todo esto es el plasta...

–Sí, evidentemente él ha intervenido, ¿quién si no?

–Pero... ¡es asqueroso! –gritó Laura–. ¡Tendrás que librarte de él!

–¡Laura! –explotó Ruth–. ¿Cómo se te ocurre una cosa así? Lo que estás diciendo es horrible. Yo quiero..., nosotros queremos tener este niño.

«Sí –pensó, sorprendida–. Sí, realmente quiero tenerlo.» Luego intentó mantener la calma y explicar la situación.

–Reconozco que al principio me pilló por sorpresa, pero ahora estoy contentísima. Y cuando te hagas a la idea, también tú te alegrarás. Piénsalo, un hermanito o una hermanita...

–Pero ¿para qué quieres tener un hijo? –preguntó Laura–. Ya me tienes a mí.

La señora Turnbull se acercó a su hija.

–Oye, tesoro, este niño no cambiará en absoluto lo que siento por ti, si es eso lo que te preocupa. Te quiero muchísimo y te querré siempre; ningún niño del mundo podría cambiar eso.

–Dios, ¿qué dirán mis amigos? –gritó Laura, liberándose del abrazo de su madre–. Y tus amigos..., ¿qué dirán ellos?... A la madre de Chelsea no le parecerá bien.

–A decir verdad, se alegra mucho por mí –dijo Ruth.

–Ah, comprendo..., así que se lo has dicho antes a ella que a tu hija. Ya veo lo que te importo.

–Se lo dije porque vino a casa, yo me encontraba mal y se lo imaginó –repuso Ruth, exhalando un suspiro–. No lo sabe nadie más, aparte de Melvyn, naturalmente.

–Entonces, ¿papá no lo sabe? –preguntó Laura en tono perentorio.

–No, claro que no. Todavía no –contestó Ruth.

–Creo que esta noticia lo destrozará –dijo Laura–. Su mujer con ese imbécil...

–Laura, escúchame. Yo ya no soy la mujer de papá, lo sabes perfectamente. Papá y yo ya no somos una pareja: estamos divorciados. Lo que él hace no es asunto mío y lo que hago yo a él no le incumbe. Y tú deberías aprender a aceptar este hecho.

Laura se echó a llorar.

–¡Me estás destrozando la vida! Primero echas a papá de casa, luego te lías con un tío que tiene la mitad de años que tú...

Ruth suspiró.

–Tiene siete años menos que yo, y yo no eché a papá de casa, como tú dices. Él encontró a otra.

Pero el estado de ánimo de Laura no era el adecuado para escuchar la voz de la razón.

–... y luego te quedas embarazada. Vomitarás por toda la casa y te pondrás gorda y pesada, y todos sabrán lo que has hecho. ¡Te odio!

Se fue corriendo al cuarto de baño y cerró la puerta con furia. Ruth seguía sentada sobre la cama y ahora se preguntaba muy en serio si después de todo era una buena idea meterse en ese campo minado llamado maternidad.

–Seguiremos hablando mañana. Melvyn comerá aquí –aventuró Ruth, hablando a través de la puerta.

–Pues yo no estaré –gritó Laura–. No tengo ninguna intención de estar en compañía de un pervertido.

Diez minutos más tarde sonó el teléfono. Era Chelsea.

–Buenos días, señora Turnbull, ¿podría hablar con Laura, por favor?

–¡Laura, te llama Chelsea! –gritó Ruth.

Un par de ojos enrojecidos aparecieron en lo alto de la escalera.

–No puedo hablar con nadie –dijo, muy digna–. Estoy bajo los efectos de una conmoción.

–Hummm..., Chelsea, Laura está ocupada en estos momentos..., sí, ¿esta tarde? De acuerdo, a las siete y media. ¿Quién? Ah, vale. Sí, sí, se lo diré. Adiós, Chelsea.

–La señora Gee pasará a recogerte a las siete y media –dijo–, así que será mejor que te arregles e intentes sonreír.

–Creo que no volveré a sonreír en toda mi vida –dijo Laura en tono dramático. Luego dio media vuelta y se metió en su habitación.

–Ah, y Chelsea me ha dicho que te diga...

La puerta del dormitorio se cerró con violencia. «¡Al infierno! –pensó Ruth–. No tiene ningún sentido que me esfuerce en ser amable cuando está de mal humor. Y de todas formas no creo que hoy le importe mucho si Jon va o deja de ir a la discoteca.»

A las siete y veinte, la señora Gee llamó a la puerta de los Turnbull.

–Perdona si llegamos antes de la hora. ¿Está Laura a punto? –preguntó cuando Ruth fue a abrir.

Las mejillas de su amiga estaban mucho menos pálidas que la última vez que la había visto.

–Sí, estoy a punto –dijo Laura mientras bajaba corriendo la escalera. Cogió el bolso y salió de casa sin decir una palabra.

–Me da la impresión –murmuró Ginny dirigiéndose a Ruth– de que la señorita ha sido informada de la buena nueva.

Ruth asintió.

–No te preguntaré cómo se lo ha tomado –añadió Ginny.

23

Bilu entra en escena

Laura se pasó todo el trayecto mirando por la ventanilla sin decir una palabra, cosa que no pasó inadvertida, puesto que, por lo general, cuando estaba ella era prácticamente imposible pronunciar una sola sílaba. Y la madre de Chelsea también estaba extrañamente taciturna. «Es rarísimo, pero para todo hay una primera vez», pensó Chelsea.

En realidad, en aquel momento la señora Gee se estaba preguntando qué tramaba su marido. Había salido de casa a las ocho y media de la mañana y, al preguntarle ella adónde iba, se había llevado un dedo a los labios y había respondido: «Quien no habla no miente», y se había largado.

Pero aún no había vuelto.

Ginny esperaba ardientemente que se tratase de una entrevista de trabajo. Pero la verdad es que parecía muy improbable, ya que era sábado.

–Estoy impaciente por conocer a ese tal Bilu –dijo Chelsea rompiendo el silencio y preguntándose qué le pasaría a su amiga. Estaba convencida de que Laura no cabría en sí de contento ante la idea de ver a Jon.

–Hummm... –masculló Laura.

«Se pasará la noche llorando y el día vomitando», pensó.

–¿Vendrá Rob? –le preguntó Gemma a Chelsea.

–Sí –contestó ella con aire soñador–. Ya te he dicho que va a venir con...

–Bueno, chicas –la interrumpió su madre, acercando el coche a la acera, delante del Stomping Ground–, pasaré a buscaros a las once en punto. No me hagáis esperar.

Durante esos primeros minutos embarazosos, cuando una chica quiere aparentar que está con un chico aunque no sea verdad, Gemma y Chelsea se sentaron a una mesa situada en un rincón y pidieron unas pepsis. Laura tenía una mirada cada vez más sombría y sorbía distraídamente con la pajita, imaginando muertes lentas y dolorosas para Melvyn.

Justo en el momento en que lo estaba viendo caer dentro de un tonel lleno de agua y ahogarse, llegó Rob. Chelsea lo vio de pie junto a la puerta; se había jurado a sí misma que se jugaría el todo por el todo. Se dirigió hacia él como una exhalación, le estampó un beso en los labios y le espetó un «Hola, cariño» a modo de recibimiento. El rostro de Rob adquirió una interesante tonalidad rojiza y, a continuación, su mirada recorrió ansiosamente la sala.

–Ven, estamos sentadas allí, al fondo –dijo Chelsea cogiéndose del brazo de Rob y conduciéndolo hacia el otro extremo de la sala.

No había ni rastro de Jon, pero a Chelsea le pareció más prudente no decir nada. Laura estaba ya de bastante mal humor y era preferible no empeorar las cosas.

Las macabras reflexiones de Laura sobre las ventajas que podía presentar una muerte por envenenamiento con respecto a una por descarga eléctrica se vieron súbitamente interrumpidas por la llegada de Sumitha y Bilu.

–Hola a todos, este es Bilu –dijo Sumitha en un tono rebosante de orgullo.

–Hola, chicos –dijo Bilu, dirigiendo a los presentes una deslumbrante sonrisa–. ¿Qué tal?

–Hola –respondieron los otros a coro.

Bilu era alto y delgado, y llevaba unos tejanos de la talla perfecta que desde luego no habían salido de unos grandes almacenes. Su cabello negro se ondulaba a la altura de la nuca, mientras que su sonrisa mostraba una dentadura blanquísima. La postura aparentemente casual en la que permanecía, con la espalda apoyada en la pared y los brazos cruzados, hacía intuir que el muchacho sabía perfectamente que era dinamita pura.

«Bonitas piernas», pensó Chelsea.

«Buen trasero», pensó Gemma.

«Pero ¿cómo ha podido hacerme una cosa así mi madre?», pensó Laura.

–Así que este es el «vilipendiado» Stomping Ground –dijo Bilu, echando un vistazo a su alrededor–. ¿Qué quieres tomar, Sumitha?

–Una Coca-Cola, gracias –respondió ella, complacida al constatar la conmoción en el rostro de sus amigas.

Bilu se echó a reír.

–Ya. Supongo que en estas fiestas para los más pequeños no hay otra cosa. ¡Adiós Bacardi!

Sumitha lo miró sorprendida.

–Tú no bebes alcohol, ¿verdad?

–¿Qué te hace pensar eso, tesoro mío? –preguntó Bilu en tono condescendiente.

–No, lo digo porque papá siempre dice que los chicos bengalíes no... –empezó Sumitha.

–¡Papá, papá, papá! –la interrumpió Bilu–. Vamos a movernos un poco –añadió, arrastrando a Sumitha hacia la pista de baile.

–¿Qué te parece? –preguntó Gemma cuando Sumitha y Bilu hubieron desaparecido.

–Es guay –dijo Chelsea, casi de mala gana–, si te gusta ese tipo de personas.

–A mí no me gusta –dijo con sequedad Rob, mirando hacia la puerta.

«Vaya, vaya –pensó Chelsea–. Está celoso.»

–Tú eres mejor –le susurró al oído.

Rob tragó saliva y dijo:

–Voy a comprar una bolsa de patatas.

–Si quieres saber mi opinión, lo encuentro un poco creído –dijo Gemma–. ¿Tú qué dices, Laura?

Laura continuaba mirando al vacío.

–Laura –dijo Chelsea dándole un codazo–. ¿Qué te parece?

Laura parpadeó.

–¿El qué?

–Santo cielo –dijo Chelsea–, me da la impresión de que llevas toda la tarde perdida en el mundo de los sueños...

–De las pesadillas más bien –repuso Laura con la voz rota.

Pero Chelsea pareció no oírla. Debía seguir atrayendo la atención de Rob. ¿Cómo decía su madre? «A veces tiene que ser la mujer quien tome la iniciativa.»

–Vamos, Rob –dijo, arrastrándolo hacia la pista.

Gemma trató de parecer interesada en el contenido de su vaso, mientras esperaba con ardor que alguien la invitara a bailar. Laura se levantó ruidosamente.

–¿Qué pasa? –preguntó Gemma.

–Déjame en paz –contestó Laura de malos modos–. Voy a buscar algo de beber.

Avanzó con paso incierto hacia la barra, entornando los ojos para contener las lágrimas que amenazaban con brotar copiosamente de un momento a otro.

–¡Eh, ten cuidado!

Laura notó que un líquido resbalaba por su brazo.

–¡Mira dónde pones los pies! Me has tirado media limonada.

La voz resultaba familiar y recordaba peligrosamente a la de Jon. Laura escrutó en la semioscuridad.

Era Jon. Tragó saliva.

–Hola, Jon –dijo. Quizá después de todo seguía existiendo un dios.

–Ah, eres tú –dijo el chico, no exactamente con el entusiasmo que Laura hubiera deseado–. Debía habérmelo imaginado. Así que también eres peligrosa cuando vas andando, ¿eh?

–Perdona. Tengo un montón de cosas en la cabeza..., caminaba sin pensar.

–Eso es evidente –repuso Jon. Luego, repentinamente, su rostro se iluminó–. Hummm..., ¿estás con Sumitha?

–No exactamente –contestó Laura, que no tenía ninguna intención de ceder terreno a su rival en aquella valiosísima conversación–. ¿Tú has venido con Rob? Chelsea no me ha dicho nada.

–Sí, creo que ha venido con la esperanza de ver a esa chica, Mandy Fincham –respondió Jon con una sonrisita–. Creo que se ha enamorado.

«A Chelsea no le hará gracia», pensó Laura.

–¿Está sentada Sumitha con vosotras? –preguntó Jon, que no tenía ninguna intención de aflojar.

–Está bailando –contestó con sequedad Laura. Pero enseguida recordó lo que había leído en *¡El Grito!*: «... los comentarios ácidos no llevan a ninguna parte y las observaciones maliciosas desaniman a la presa»–. Pero sí, está con nosotras.

–Ah, bien –dijo Jon–. Allí, ¿verdad? –añadió, señalando la mesa donde Gemma se encontraba más sola que la una, dirigiéndose hacia ella, y sin dejar de mirar ansiosamente la pista de baile.

Laura buscó desesperadamente algo que decir.

–¿Te lo has pasado bien este verano?

¡Maldición! La preguntita no era muy ingeniosa que digamos para dar pie a una conversación.

–¿Cómo? Ah, sí, la verdad es que sí –dijo Jon con el entrecejo fruncido mientras miraba a Bilu y Sumitha, que bailaban animadamente bajo la luz de los focos.

–¿Has dibujado mucho? –le preguntó. «Hay que demostrar siempre interés por sus aficiones», decía el artículo.

Jon la miró por primera vez.

–Sí, bastante. Pero ¿cómo sabes que dibujo?

–Gemma Farrant me ha dicho que quieres ser dibujante. Es una de mis mejores amigas y vive en la casa de al lado de la tuya.

–Ah, sí, esa chica gordita –dijo Jon mientras recorría la sala de arriba abajo con la mirada.

Desgraciadamente, Jon pronunció la frase justo cuando estaban llegando a la mesa donde Gemma sorbía desconsolada su bebida. «Se acabó –pensó la chica (que lo había oído todo), con las lágrimas pugnando por salir de sus ojos–. Se acabó. De ahora en adelante, nada de calorías, hidratos de carbono y grasas.»

–¿Ese tío que está con Sumitha es pariente suyo? –preguntó Jon.

Podía ser una explicación perfectamente lógica para el hecho de que estuvieran juntos, pensó.

–Muy lejano, creo –contestó Laura–. Bueno, la

cuestión es que como es una especie de primo en centésimo grado o más lejano aún, cuenta con la aprobación del padre de Sumitha. Y con la aprobación de Sumitha también, en vista de que está locamente enamorada de él.

«Chúpate esa», pensó.

–¿De Bilu? –preguntó Jon–. ¿A Sumitha le gusta Bilu Chakrabarti? –El tono de su voz era de incredulidad y de decepción al mismo tiempo.

–¿Lo conoces? –preguntó Laura.

–Sí, va a mi colegio, al último curso –respondió Jon–. Y no creo que sea una buena idea que Sumitha salga con él –prosiguió, impertérrito–. Es un presuntuoso, un niño mimado y...

–Estoy segura de que Sumitha es capaz de cuidar de sí misma –dijo Laura. La conversación no había tomado el giro que ella esperaba.

–Además, sale con otra chica, una del último curso, Natalie..., no recuerdo su apellido. ¡Dios!, o sea que es verdad que cambia de chica como los demás de calcetines –añadió con amargura.

Justo en ese momento, Sumitha y Bilu reaparecieron junto con Chelsea y Rob.

–Hola, Sumitha, ¿qué tal? –dijo Jon–. Estás en forma –añadió tímidamente.

–Hola, Jon –contestó la chica sin apartar la mirada de adoración del rostro de Bilu.

–¡Vaya, pero si es el amigo Joseph! –exclamó Bilu, dándole unas enérgicas palmadas en la espalda y haciéndole derramar el contenido de su segundo vaso de limonada sobre la camiseta–. Has salido para ver cómo se divierten los mayores, ¿eh? –Y se echó a reír, convencido de que era muy ingenioso. Sumitha hizo lo propio, aunque no sabía muy bien por qué estaba riendo.

Jon no dijo nada. Al lado de Bilu se sentía torpe y estúpido. Rob le dirigió una mirada de solidaridad; sabía que Jon estaba loco por Sumitha, pero tenía la sensación de que la suya era una causa perdida. Sí, ese era el problema con las chicas: aquellas de las que querías ser simplemente amigo no paraban de acosarte, mientras que con las que deseabas mantener un contacto más íntimo ni siquiera se dignaban a mirarte.

Bailaron toda la tarde. Todos, excepto Gemma, que a las diez estaba hundida en la miseria. Era la única que no tenía acompañante. Lo único que deseaba era irse a casa.

–Es un sitio fantástico, ¿verdad? –le dijo Sumitha a Bilu.

–Este tipo de locales no son de mi estilo –repuso el muchacho–. Están bien para los chiquillos, pero, si quieres saber mi opinión, el ambiente me parece bastante aburrido.

–Bueno, sí, quizá sí, tienes razón... –se apresuró a añadir ella.

Bilu la estrechó entre sus brazos y Sumitha sintió que se desvanecía.

–Exacto. Por eso tú y yo nos vamos a ir a quemar un poco los neumáticos –dijo Bilu.

Sumitha lo miró perpleja.

–¿Cómo?

–¡Me refiero al coche, tonta! –exclamó, dirigiéndole una sonrisita de complacencia–. Vamos a ver cómo se porta en carretera. Podemos ir en dirección a Ditchford Common pisando a fondo el acelerador.

En el rostro de Sumitha apareció una vaga expresión de temor.

–Pero... –dijo–, papá nos ha dado permiso para venir aquí y luego volver directamente a casa, y si no...

–Si las reglas de papaíto son más importantes para ti que pasar una velada conmigo, entonces me voy a buscar a otra que...

–No, no –lo interrumpió ella, presa del pánico–. De acuerdo. No se va a enterar y, de todas formas, son unas reglas estúpidas –añadió en tono desenvuelto, pidiendo silenciosamente con la mirada la aprobación de sus amigas, que la miraban sin decir nada.

–Hummm..., Sumitha –dijo Gemma–, ¿no crees que deberías...?

–Vamos, Gemma, relájate, pareces tu madre –repuso Sumitha zanjando la discusión.

Las demás intercambiaron elocuentes miradas. Su amiga nunca se había comportado así hasta entonces. Bilu se dirigió hacia la puerta.

–Sumitha, no puedes..., acabarás teniendo problemas con tu padre si no tienes cuidado –intervino Laura–. ¿No deberías al menos telefonear?

Sumitha se pasó la lengua por los labios y respiró hondo.

–Ya nos veremos –dijo, antes de echar a correr detrás de Bilu.

Jon exhaló un largo y lento suspiro. Miró fijamente el vaso durante unos instantes y luego, dirigiéndose a Laura, dijo:

–¿Quieres bailar?

Laura aceptó entusiasmada. Lo había conseguido. Había derrotado a la competencia. Tenía a Jon todo para ella.

Durante la hora siguiente no pensó ni una sola vez en el embarazo de su madre.

24
Una velada llena de sorpresas

Sumitha estaba rígida mientras Bilu tomaba una curva a una velocidad que a ella le pareció realmente de locos. El chico había bajado la capota del coche y el viento hacía que le lloraran los ojos.

–No está nada mal este coche, ¿eh? –dijo Bilu sin dejar de pisar el acelerador–. Tiene ABS, dirección asistida..., ¡y escucha el equipo de música!

Pulsó un botón, y la música de los Ultimate Kaos invadió el aire.

Al cruzar un puente con una rasante pronunciada aceleró todavía más y a Sumitha se le revolvió el estómago.

–¿Podemos parar un momento? –preguntó, vacilante, cuando el cuentakilómetros alcanzaba los 130.

Bilu volvió la cabeza hacia ella.

–Sí, claro –dijo–. Si es eso lo que quieres...

Salió de la carretera y detuvo el coche.

–Y yo que creía que eras una chica tímida –dijo, atrayéndola hacia sí.

«Va a besarme –pensó Sumitha–. ¡Ya verás cuando se lo cuente a las chicas!»

Bilu la besó en los labios al tiempo que le acariciaba el pelo.

Sumitha cerró los ojos. «Estoy enamorada –pensó–. Es maravilloso.»

Lo que sucedió inmediatamente después pilló a Sumitha totalmente desprevenida. Bilu la besó de nuevo, pero esta vez le metió la lengua en la boca y deslizó una mano por debajo de su jersey, mientras con la otra le cogía del pelo, haciéndole daño. Sumitha se apartó a toda prisa.

–¡Eh! –dijo Bilu–, ¿qué te pasa? Era para esto para lo que querías parar, ¿no?

–No..., bueno, sí..., quiero decir... –balbuceó Sumitha.

Jamás admitiría que antes de aquel rápido beso en el jardín de su abuela, en Calcuta, nadie la había besado. Había soñado a menudo en cómo sería la primera vez, pero el beso de Bilu no se correspondía con lo que había imaginado. En sus fantasías, él la miraba a los ojos, le decía que era guapísima y que moriría por ella, luego la besaba dulcemente en los labios y, por último, la miraba de nuevo larga y apasionadamente. No había previsto ningún movimiento de manos. Tragó saliva con esfuerzo.

–Quería que parases porque ibas demasiado deprisa –admitió.

–¿De verdad? No me digas... –repuso Bilu en tono burlón–. Venga, busca otra excusa mejor. –La miró entre los párpados entornados–. Eres una tía muy rara. Me das permiso para que me lance y un segundo después te pones en plan mojigata de buena familia. Pero, en fin, si no te gusta que te bese...

–Oh, no. Sí que me gusta, de verdad –dijo Sumitha.

–Bien –dijo Bilu, y la besó de nuevo al tiempo que le acariciaba las piernas.

Sumitha se mordió un labio.

–Yo..., hummm, bueno, deberíamos volver –balbuceó–. No querrás que mi padre te ponga en la lista negra por haberme llevado a casa demasiado tarde, ¿verdad?

Bilu echó la cabeza hacia atrás y soltó una carcajada.

–De eso no tienes que preocuparte –dijo–. A tu padre lo tengo calado desde la primera vez que lo vi. Delante de él seguiré representando el papel del muchacho bengalí perfecto: un dechado de virtudes, buena educación y... castidad, por supuesto. Pero contigo, nena, seré un poco distinto.

Acto seguido, puso el coche en marcha, metió la primera y, con un chirrido de neumáticos, partió en dirección a Leehampton.

«¿Qué quería decir con eso de "me das permiso para que me lance"? –se preguntó Sumitha mientras los Ultimate Kaos cantaban "Dime, nena, ¿estás a punto para mí?"–. ¿De verdad soy una mojigata de buena familia? Si lo soy, no le gustaré, así que más vale que cambie, y deprisa.»

Pero esta idea no fue una de las mejores de Sumitha, tal como los hechos no tardarían en demostrar.

25

En casa, sana y... ¿salva?

–Se están retrasando, Rajiv. –La señora Banerji descorrió la cortina del salón y echó un vistazo a la calle–. Habíamos dicho a las once y cuarto y son casi las once y media. Sabía que deberíamos haber insistido en que volviera con la señora Gee.

–No te preocupes, Chitrita –dijo su marido, dejando el periódico–. Sabemos que está en buenas manos. Debe de haber tráfico.

La señora Banerji suspiró. Su marido parecía muy seguro de que Bilu era la perfección personificada; apenas unos meses antes le había prohibido categóricamente a Sumitha ir a la discoteca, y ahora, simplemente porque estaba con Bilu, el hecho de que su hija se retrasara no le preocupaba en absoluto. Y Bilu tenía un coche deportivo. No le gustaban los jóvenes que se lo encuentran todo servido en bandeja de plata, aunque, a fin de cuentas, los Chakrabarti eran realmente muy ricos. Y además, la señora Banerji sabía de sobra que Bilu tenía diecisiete años y que su hija era una quinceañera impresionable y en cierto modo reprimida: no hacía falta ser muy listo para comprender que se trataba de una combinación peligrosa.

Justo en ese momento el coche de Bilu se detuvo

ante la puerta de la casa. La señora Banerji elevó una silenciosa oración al cielo y se sentó en un sillón, tratando de adoptar una postura relajada. Al cabo de un momento los muchachos entraron en el salón, Sumitha con una expresión vagamente preocupada y Bilu seguro de sí mismo, como de costumbre.

–Señor Banerji, señora, nunca podré excusarme bastante –comenzó a decir Bilu–. Sumitha no se encontraba muy bien debido al calor y la confusión de la discoteca, y he venido conduciendo despacio para que no se mareara. Les ruego que nos perdonen por el retraso.

–No pasa nada, Bilu –dijo Rajiv con amabilidad–. No hace falta que te excuses. Y gracias por haber cuidado de nuestra hija.

Sumitha se quedó estupefacta. Se esperaba un sermón, tanto para ella como para Bilu.

Su madre no dijo nada. El saludable color rosado de las mejillas de su hija no confirmaba en modo alguno la versión de Bilu y, además, la señora Banerji había advertido la expresión de culpabilidad en el rostro de Sumitha cuando el chico había hecho alusión a su malestar en la discoteca.

–Métete enseguida en la cama –se limitó a decir.

–Yo también me retiro –dijo Bilu–. Muchísimas gracias por su hospitalidad, señora Banerji..., el cordero Biryani de la cena estaba realmente exquisito –añadió con una sonrisa.

«Bueno, después de todo es un muchacho muy amable –pensó Chitrita–. Quizá estoy exagerando.»

26
Una sorpresa en casa de los Gee

Cuando la madre de Chelsea llegó a la discoteca para recoger a las chicas estaba un poco preocupada. Su productor había telefoneado para decirle que no había podido por menos de notar que su intervención de esa mañana en la radio había sido menos brillante que de costumbre. Warwick le había comunicado que necesitaba 775 libras para la matrícula del primer semestre en la universidad y, lo que era peor, Barry aún no había vuelto a casa ni había llamado para decir dónde estaba.

Ginny empezaba a sentirse como las mujeres que escribían a su sección: enfadada con él por haberse mostrado insensible y consigo misma por haber estado tan agresiva últimamente; sabía que no estaba en plena forma desde que había vuelto de vacaciones. Esperaba ardientemente que no le hubiera pasado nada. Tal vez estuviese con otra. ¡Oh, no, no sería capaz de hacer una cosa así! No, jamás lo haría. Si estaba con otra, lo mataría. Lo dejaría seco.

Mientras el coche entraba en Thorburn Crescent, la señora Gee maldijo entre dientes: una enorme furgoneta blanca con las puertas posteriores abiertas obstruía el camino de acceso.

–¿Qué demonios...?

No acabó la frase. Barry recorría el camino con un montón de sartenes en la mano y llevando nada menos que un gorro de chef en la cabeza y un enorme delantal de cocina.

Ginny bajó la ventanilla.

–¿Dónde demonios has estado? –le espetó con brusquedad. El alivio al verlo sano y salvo la puso todavía más furiosa–. Estaba muy preocupada. ¿Y de quién es esa furgoneta que cierra el paso?

–Mía –respondió él, rebosante de orgullo.

–¿Cómo? –dijeron Chelsea y su madre al unísono.

Barry sonrió satisfecho.

–Os presento «La Cocina Casera»: «Disfrutad de la comida, sí, sí, sí, con la sopa de guisantes de Mister Gee». Esta es la sorpresa que os había anunciado: recorreré la zona industrial y de oficinas vendiendo sopa. Genial, ¿no? Vamos adentro y os lo contaré todo.

27
En la cama

Mientras tanto, en Billing Hill Jon seguía mirando el techo sin conseguir dormirse: ¡cómo le hubiera gustado tener diecisiete años y poseer un coche veloz! Entonces Sumitha sí que saldría con él.

En la casa de al lado, Gemma inundaba la almohada de lágrimas. Estaba gorda, era fea y nadie había querido bailar con ella esa noche. Además, Sumitha había dicho que se estaba volviendo como su madre. Tenía que hacer algo. No podía permitir que la profecía se cumpliera. Tenía que adelgazar enseguida. Encendió la luz y empezó a preparar un régimen.

Laura, en cambio, estaba profundamente dormida y soñaba con Jon, que le estaba haciendo un retrato. Pero, al final, en el retrato aparecían decenas y decenas de niños recién nacidos.

En casa de los Gee aún no se habían ido a la cama.

–¿Y dónde cocinarás toda esa sopa? –preguntó Ginny en un tono de voz peligrosamente alto.

–Al principio aquí y, luego, cuando tenga más dinero, compraré un pequeño local.

–¡Fantástico! ¡Sensacional! Así que ahora mi cocina se convertirá ni más ni menos que en un comedor de fábrica, ¿o me equivoco? –vociferó Ginny.

–Papá, ¿y nosotros? ¿Y nuestras comidas? –dijo Chelsea–. ¿Y qué pensará la gente?

–¡No entendéis absolutamente nada! –gritó Barry, estrellando la tapa de una cacerola contra el banco de la cocina y pasándose las manos por el pelo–. Lo hago por nosotros. En estos momentos, a vosotras dos se os va el dinero como el agua. Y eso es precisamente lo que tengo intención de hacer: dinero. Os habéis pasado meses torturándome para que buscara trabajo. Pues bien, ahora lo tengo, y tengo también la oportunidad de hacer lo único que me gusta de verdad. Y si eso significa tener que vivir una temporada con un poco de caos en la cocina, la verdad, no me parece que sea un precio demasiado elevado. Y, después de todo –concluyó en tono sarcástico–, no es que vosotras entréis muy a menudo en la cocina por propia iniciativa.

–Pero ¿de dónde ha salido el dinero para comprar la furgoneta, las cacerolas, las sartenes y todo lo demás? –preguntó Ginny.

–He pedido un pequeño préstamo al banco.

Ginny suspiró.

–¿Más deudas?

–Mira, los bancos no esperan otra cosa que hacer circular un poco de líquido. Lo devolveré en un abrir y cerrar de ojos. Esta actividad será un gran éxito, lo sé.

Ginny intentó sonreír.

–Está bien, lo intentaremos. Y perdóname. Tienes razón: necesitamos dinero y me alegro de que se te haya ocurrido esta idea.

–Papá, prométeme una cosa –dijo Chelsea.

–¿Qué?

–No te acerques a mi colegio con esa furgoneta. Nunca.

«¡Caramba, es una idea estupenda!», pensó Barry. Pero prefirió no hacer ningún comentario.

28
Encuentros y problemas

El domingo, a media mañana, Gemma ya estaba harta de mirar a su madre y a sus hermanos cómo se divertían en la piscina del Club de Golf Waterline.

–¿Por qué no vienes con nosotros, cielito? –gritó la señora Farrant, haciendo que Gemma se sintiera avergonzada.

–Ahora no tengo ganas de bañarme –respondió Gemma.

Su madre salió de la piscina y se dirigió correteando hacia ella, dejando un rastro de agua que caía chorreando de la faldita fruncida del bañador pasado de moda.

–El agua está buenísima –dijo.

–Mamá, te he dicho que no tengo ganas de bañarme –repitió Gemma.

–Perdona, cielito. No delante de los pequeños. Comprendo.

–Exacto –mintió Gemma.

En realidad, Gemma se había jurado a sí misma perder como mínimo diez kilos antes de Navidad y no ponerse un bañador hasta que estuviera tan delgada como Sumitha. Ese día llevaba unas mallas negras, una camiseta negra y el jersey más ancho que había encontrado: cualquier cosa con tal de disimular aquel pecho bamboleante. Se sentía fea y aburrida y sabía que tenía el aspecto de una bola de grasa solidificada. Y puesto que estar mirando cómo se divertían su madre y sus hermanos no hacía sino empeorar su mal humor, se alejó llevando en la mano el libro *Cómo adelgazar sin esfuerzo*, que había encontrado esa mañana en el quiosco cuando había ido a comprar el periódico.

El edificio del club de golf estaba situado en medio de prados suavemente ondulados que tiempo atrás habían pertenecido a una antigua residencia de la nobleza. El señor Farrant, que en aquel momento estaba jugando al golf, se había hecho socio del club en parte porque le había gustado el anuncio, que describía el lugar como un «soberbio recorrido de 72 hoyos, situado entre espléndidos lagos y riachuelos, susceptible de garantizar nuevos retos y diversión incluso al jugador más experto», pero sobre todo porque el profesor sir William Kentigan-Fry, estrella del Centro de Investigaciones de Trastornos del Oído, tras pronunciar una conferencia en el Policlínico de Leehampton había dicho que era socio del Club de Golf Waterline. La gran ambición de Andrew Farrant era dedicarse a la investigación, y si jugar unas cuantas partidas de golf con el gran sir K-F podía ayudarle a conseguirlo, desde luego no pensaba desaprovechar la ocasión.

Gemma rodeó el porche, tomó un sendero que se abría en la parte posterior del club y llegó a un bosquecillo desde el que se dominaba un pequeño lago.

Se sentó, se quitó el jersey, lo dobló para utilizarlo a modo de cojín y empezó a leer, protegiéndose los ojos con la mano.

Había llegado a la página seis...

ELIMINAR LOS KILOS DE MÁS CON FIBRA E HIGOS

El mejor amigo de una persona
a dieta es la fibra...

por lo tanto, comed:
salvado
judías
pasta
higos

... cuando de pronto apareció algo volando entre los árboles y le golpeó el hombro derecho.

–¡Ay! –gritó, llevándose una mano al hombro y cerrando los ojos a causa del dolor.

–¿Te he hecho daño? –preguntó una voz desde detrás de un árbol.

Gemma levantó la vista y vio una mancha verde. Sus ojos ascendieron a lo largo de unos pantalones de pana verdes y un jersey verde y crema, hasta llegar a un rostro de expresión preocupada y una mata de pelo enmarañado de color arena.

–¡Lo siento mucho! –dijo el rostro.

Gemma se frotó los ojos y enfocó la imagen. Un muchacho robusto la miraba a través de los gruesos cristales de unas gafas que descansaban sobre una nariz quemada por el sol.

–No sabía que hubiera alguien aquí –añadió el chico–. Estaba haciendo un par de lanzamientos de prueba. Es un poco aburrido esperar a que el viejo acabe sus hoyos.

Se agachó junto a Gemma y le examinó, inquieto, el hombro.

–No ha sido nada –dijo Gemma–. Creo que sobreviviré. Probablemente no debería estar aquí. Yo también me aburría como una ostra.

–Oh, en realidad, sí, bueno..., hummm...

La mirada de él se apartó del hombro magullado y descendió por la camiseta, deteniéndose a la mitad del recorrido.

Gemma cogió el jersey y se lo puso rápidamente. Era evidente que él estaba pensando que era una gordinflona. Se levantó, y *Cómo adelgazar sin esfuerzo* cayó al suelo. Gemma colocó un pie encima, luego lo cogió y se lo metió debajo del jersey.

–Ah, por cierto, me llamo Rupert..., Rupert Kentigan-Fry. ¿Está bien el libro?

–Cosas de clase..., un aburrimiento mortal –dijo Gemma a toda prisa–. Yo me llamo Gemma –añadió, feliz de desaparecer bajo el jersey–, y creo que mi padre está jugando al golf con el tuyo. Tu padre es sir William, ¿no?

Era la primera vez que veía al hijo de un «sir», pero a primera vista Rupert parecía bastante normal, excepto quizá por su forma de hablar.

–Sí, exacto. Entonces, tu padre debe de ser Andrew Farrant, el médico que ha venido hace poco al Policlínico.

–Ajá –dijo Gemma frotándose el hombro, que estaba empezando a hacerle daño de verdad.

–Ey, espera..., a ver... Debería hacer algo por tu hombro –dijo Rupert–. ¿Qué te parece si volvemos al club? Te invito a tomar algo y luego buscamos unas tiritas o algo parecido.

Gemma rió.

–No creo que una tirita pueda surtir mucho efecto –dijo–. Estoy bien, no te preocupes. Pero sí que me gustaría tomar algo.

Por lo menos tenía a alguien con quien hablar y encima era un componente del sexo masculino: un acontecimiento para contárselo a sus amigas.

Gemma lo siguió a lo largo del sendero, dobló el recodo y a continuación se quedó pálida. Primero vio dos brazos que se agitaban como unas aspas de molino en plena tempestad y luego distinguió lo que temía: era su madre corriendo a su encuentro.

–Ah, estás aquí, cielito, estaba empezando a preocuparme. Papá casi ha acabado, luego podemos ir todos a comer. Oh..., ¿y quién es este muchacho?

La señora Farrant miró a Rupert, esperando una presentación formal.

–Es Rupert –se apresuró a decir Gemma–. Papá está jugando con su padre.

–¡Vaya, qué coincidencia tan simpática! –exclamó Claire–. Ya te había dicho que aquí harías amistades.

A Gemma se le puso la piel de gallina.

–Así que eres el hijo de sir William –insistió su madre.

–Sí, señora Farrant, así es –dijo Rupert.

–No sé cuántas veces le he dicho a Gemma que el club de golf es justo el sitio adecuado para conocer al tipo idóneo de...

–Mamá, mira... –la interrumpió Gemma–, creo que los gemelos están molestando a aquella pareja de allí, junto a la barbacoa –improvisó.

–¡Oh, Dios mío, esos pillastres! –murmuró Claire, y se alejó corriendo.

Gemma suspiró.

–Perdona –dijo–. ¡Madres!

Una vez que estuvieron seguros en el interior del bar, Gemma le preguntó a Rupert:

–¿Vivís por aquí cerca?

«¡Vaya idiotez de pregunta! –pensó–. Tienen que vivir forzosamente por aquí cerca, de lo contrario, ¿por qué iban a venir a este club?»

–Sí, en Boughton Court.

–¿Boughton Court? ¿Esa casa enorme de ladrillo rojo con las verjas de hierro forjado todas torneadas? –preguntó Gemma de un tirón.

–Sí, esa –dijo Rupert con toda naturalidad–. Mira, por ahí vienen mi padre y tu papi.

Gemma sonrió para sus adentros. Nunca había pensado en su padre como en «papi».

–Veo que ya has conocido a Rupert –dijo sir William sonriendo y dándole la mano a Gemma–. ¿Has practicado un poco, Rupert?... ¿Le has dado a alguna ave?

–Yo diría más bien que le he dado a una pollita –dijo, y acto seguido miró a Gemma, le dio un codazo en las costillas y se echó a reír.

«Patético», pensó ella.

Hubo unos instantes de silencio.

–Eres graciosísima –dijo Rupert de pronto.

Gemma se quedó mirándolo.

–Me estaba preguntando... –dijo Rupert– si podrías darme tu número de teléfono. Me gustaría mucho volver a verte. Tal vez podríamos salir juntos.

A Gemma le dio un vuelco el corazón.

–Sí..., sí, estaría muy bien –balbuceó.

Quizá no fuera Hugh Grant, pero al menos era un hombre. Y al parecer ella le gustaba. Después de todo, tenía una bonita sonrisa. Y la quemadura de la nariz no tardaría en desaparecer.

Gemma Farrant lo había conseguido. Un chico la había invitado a salir.

29
Laura explota

Mientras los Farrant y los Kentigan-Fry conversaban apaciblemente sobre la excelente calidad de los emparedados de salmón y sobre aquel lanzamiento un tanto torpe al hoyo catorce, y Gemma trataba febrilmente de encontrar un método para perder con toda rapidez otros cinco kilos, Laura se hallaba ocupada expresando sus sentimientos de una forma un poco menos ortodoxa.

–¡Solo quiero que sepas que lo que has hecho es absolutamente asqueroso! –dijo a voz en grito en cuanto Melvyn puso el pie en el umbral de su casa.

–¡Buenos días, Laura! –repuso él con los ojos brillantes–. Por lo que dices deduzco que tu madre ya te ha dado la feliz noticia.

Pero Laura ya había desaparecido hecha una furia.

Laura estaba firmemente decidida a no comer, pero como Ruth había preparado cordero asado con salsa de menta, seguido de Charlotte de manzana y helado, enseguida llegó a la conclusión de que no había necesidad de morir de hambre por culpa del comportamiento depravado de su madre.

–He avisado al propietario de mi apartamento –dijo Melvyn como quien no quiere la cosa, después de que Ruth hubo terminado de servir.

–Bien –dijo ella, nerviosa, sin apartar la mirada de su hija.

–¿Cuándo empiezo a traer mi ropa? –preguntó Melvyn, impertérrito.

Laura estuvo a punto de atragantarse con una col de Bruselas.

–¡No querrás decir que vas a mudarte aquí! –exclamó, incrédula.

–Pues claro, me parece que es evidente..., tu madre necesita que me ocupe de ella.

–Pero..., no puedes..., aquí dentro ni siquiera hay espacio suficiente para mamá y para mí, así que no digamos para ti –dijo con los ojos llenos de lágrimas–. Y además, estamos perfectamente solas. No necesitamos a nadie más.

–Bueno, la verdad es que había pensado que sería una excelente idea para todos nosotros... –comenzó a decir Melvyn mientras Ruth, con las lágrimas a punto de saltársele de los ojos, se mordía las uñas.

–Me importa un comino lo que tú pienses –explotó Laura, golpeando la mesa con el tenedor y el cuchillo y haciendo saltar todas las zanahorias sobre el mantel–. ¡Deberías haber pensado antes de meter a mi madre en este lío alucinante! ¡Pero, claro, supongo que un cerebro como el tuyo, del tamaño de un guisante, no está capacitado para pensar!

–¡Laura! –intervino su madre–. Escucha, cariño, será...

–¡Un infierno! –gritó Laura–. ¡Eso es lo que será! ¡Pero si creéis que voy a quedarme aquí contemplando el espectáculo, os equivocáis de medio a medio! ¡Ten al mocoso y diviértete con tu amante! ¡Para lo que a mí me importa! ¡No me quedaré en esta casa ni un minuto más!

Laura se puso en pie. Del plato salieron volando más zanahorias.

–¿Y adónde irás? –preguntó Melvyn con calma.

–¡A casa de mi padre! –contestó Laura–. ¡Porque él me quiere, y a vosotros dos, en cambio, no os importo nada! ¡Me iré a vivir con él!

Y tras estas palabras, salió enfurecida y subió a su habitación.

La señora Turnbull rompió a llorar.

Diez minutos después, Laura entró decidida en el comedor.

Ruth la miró con expresión esperanzada.

–Solo he venido a decir adiós –anunció en tono melodramático y agitando una mochila en el aire–. Me voy a casa de papá. Y no intentéis impedírmelo.

–De acuerdo –dijo Melvyn.

Ruth le dirigió una mirada suplicante.

–Oye, ¿por qué no intentamos...?

Pero Laura ya se había ido.

30
Ginny se va de la lengua

–¿Qué hay para comer? –preguntó Chelsea.

–Puedes elegir entre sopa de zanahoria y naranja o Bouillabaisse –respondió su padre–. Ah, también hay un buen guiso de patatas y puerros.

–¿Cómo? ¿Solo sopa? Pero los domingos solemos comer asado...

–Bueno, también hay jamón y queso, si quieres –prosiguió su padre–. Y soufflé de limón de postre. Pero tengo que practicar con las sopas antes de empezar a venderlas.

–¡Qué humillación! ¡Mi padre, un vendedor ambulante! –exclamó Chelsea saliendo como una flecha de la cocina en busca de su madre para azuzarla–. ¿No puedes hacer algo para detenerlo?

–No creo que sirva de nada.

–Últimamente habéis discutido mucho –dijo Chelsea.

–No discutíamos. –Ginny suspiró–. Se trataba simplemente de... divergencia de opiniones.

–Sí, pero bastante escandalosa. ¿Y sobre qué?

–Bueno..., dinero, trabajo..., y también le dije que envidiaba a Ruth porque va a tener un hijo y...

Ginny se quedó en silencio y se mordió la lengua.

—¿La señora Turnbull? ¿Va a tener un hijo? ¡Es estupendo!

—Sí, hummm..., Chelsea, le juré que no se lo diría a nadie, así que, por favor, que no se te escape. Ahora que lo pienso, creo que podrás ser de gran ayuda.

—¿Para hacer de canguro y esas cosas? Pero para eso está Laura, ¿no?

—No, no me refería a eso. Es que me da la impresión de que Laura no dará saltos de alegría cuando se entere de que su madre está embarazada —dijo Ginny—. Es más, creo que le sentará como un tiro.

—Claro, por eso ayer estaba de tan mal humor —dijo Chelsea. Ahora lo entendía todo—. Entonces, ¿la señora Turnbull se casará con el plas..., esto... con Melvyn?

—Bueno, no lo sé —admitió Ginny—. Pero seguro que él se mudará a su casa y no creo que...

—¡Laura se pondrá hecha una furia! —exclamó Chelsea.

—Tal vez tú podrías hacerle entender que no es una tragedia y facilitarle un poco las cosas a Ruth. Pero no digas ni una palabra hasta que Laura te lo cuente, ¿vale?

—Vale —dijo Chelsea—. Eh, pero ¿por qué has dicho que envidias a la señora Turnbull?

—No, por nada —contestó su madre—. Saca la sal y la pimienta a la mesa, por favor —añadió, y se batió rápidamente en retirada.

31
Un ligero cambio de planes

El padre de Laura y la Estúpida Betsy estaban disfrutando de un raro momento de paz, o sea, de la comida del domingo sin nadie alrededor, ya que Sonia y Daryl se habían ido a pasar el fin de semana con su abuela. Acababan de destapar una botella de champán para celebrar la firma del contrato de la nueva casa y estaban sopesando las ventajas y los inconvenientes de los estantes de madera de pino para la cocina.

–¡Qué gusto disfrutar de un poco de paz! –dijo Peter–. Oh, adoro a los niños –se apresuró a añadir al ver que Betsy fruncía el entrecejo–, pero nos merecemos un poco de tiempo para nosotros, ¿no crees?

Betsy asintió y se sentó sobre sus rodillas.

–Estaba pensando..., ahora que tendremos una casa nueva y todo eso, ¿por qué no nos ca...?

Justo en ese momento sonó el timbre y quienquiera que estuviese al otro lado de la puerta no parecía tener intención de levantar el dedo.

–¿Quién será? –preguntó Peter–. ¡Un momento, un momento, ya voy!

Betsy suspiró. Precisamente cuando Peter se hallaba en el estado de ánimo idóneo, tenían que interrumpirlos. Parecía que realmente el destino le fuera adverso.

Peter se dirigió hacia la puerta tambaleándose ligeramente, debido a las tres copas de vino que se había tomado, y al abrirla se encontró a su hija en un estado de postración total.

–¿Puedo entrar? –preguntó Laura.

«¡Fantástico! –pensó Betsy–. El único día que estamos solos se le ocurre a ella venir.»

–¿Podemos hablar a solas? –preguntó Laura, señalando a Betsy con un gesto de la cabeza.

–Voy a preparar el café –dijo Betsy tras exhalar un suspiro, y se retiró a la cocina.

–Hazlo del de verdad –dijo Peter. A Betsy le encantaban las infusiones de hierbas y el café de flores silvestres, que a Peter le parecía una mezcla de sales de baño y algas marinas–. ¿Cómo demonios has venido hasta aquí?

–En bicicleta –contestó Laura–. Es una emergencia y vas a tener que hacer algo.

–Pero ¿qué pasa? ¿Qué tengo que hacer?

–Se trata de mamá –dijo Laura con los ojos llenos de lágrimas.

–¿De mamá? ¿Qué ha pasado? ¿Está enferma? –preguntó Peter.

«¡Ah!, o sea, que todavía te interesa», pensó Laura.

«Pero ¿qué está pasando?», pensó Betsy, que había pegado la oreja a la puerta.

–Algo mucho peor –dijo Laura en tono melodramático–. Está...

Pero, antes de que pudiera acabar la frase, sonó el teléfono. Como si le hubiera asaltado un presentimiento, Peter se apresuró a responder.

–771... Ah, hola, Ruth.

«Primero su hija y ahora su ex mujer», pensó Betsy, nerviosa, mientras preparaba la cafetera.

–¿Cómo? ¿Que estás qué? –Peter no salía de su asombro–. Bien, ¿y estás contenta? Perfecto, entonces es maravilloso..., ¡enhorabuena! Ya, sí, acaba de llegar. ¡Dios!, ¿de verdad? Está bien, gracias por decírmelo. No, no, no te preocupes, yo lo solucionaré.

Peter colgó.

–Era tu madre –le dijo a Laura–. Ha llamado para darme la noticia.

–Vaya, así que por fin ha tenido valor para decírtelo, ¿eh? –repuso Laura en tono rencoroso. Le fastidiaba no haber tenido tiempo de darle ella la mala noticia–. ¡Dios mío, papá, debes de tener el estómago revuelto! Yo lo tengo.

Peter se echó a reír.

–No, Laura, la que tiene náuseas es tu madre. Y, de cualquier modo, creo que es una noticia espléndida. Me alegro mucho por ella, ¿tú no?

–¡No, en absoluto! –contestó Laura bruscamente–. ¿Cómo te puede hacer feliz que mi madre tenga un hijo ilegítimo de un cretino que ha conocido hace unos meses? Todo este asunto es obsceno, humillante. Por eso vengo a vivir contigo.

Peter tragó saliva.

–¿Cómo?

–Sí, me traslado aquí. He traído unos cuantos vestidos. El resto de la ropa puedes ir a buscarla tú más tarde con el coche.

–Bueno, cielo, verás... –balbuceó Peter–, sinceramente, no creo que...

En ese momento la puerta se abrió y apareció Betsy con una bandeja en las manos y el rostro congestionado.

–¿Qué ocurre? –preguntó, fingiendo no saber nada.

–Era Ruth la que ha llamado, cariño –contestó Peter–. Va a tener un hijo.

–Qué bien –comentó Betsy en tono airado.

–Y a Laura no le hace mucha gracia –añadió Peter con voz titubeante.

–Así que me vengo a vivir aquí –concluyó Laura.

–No me parece una buena idea –dijo Betsy, dejando bruscamente la bandeja sobre la mesa–. Si no recuerdo mal, una vez dijiste que jamás cruzarías el umbral de esta casa mientras yo estuviera con tu padre. Lo que significa que vivir aquí sería un gran sacrificio para ti.

–Sí, pero entonces era... –empezó a decir Laura.

–Sí, sí, lo sé: entonces era entonces. Entonces te iba de perlas convertir nuestra relación en el blanco de tu último arrebato melodramático –prosiguió Betsy, haciendo caso omiso de la mirada admonitoria que el padre de Laura acababa de dirigirle–, mientras que ahora el niño que está en camino te proporciona la excusa perfecta para soltar cuatro lagrimitas. Pero no podemos permitir que tomes una decisión que va en contra de tus principios morales, ¿no te parece?

–No te permito que me hables así –balbuceó Laura, fuera de sí–. Papá..., di algo. Dile que se meta en sus asuntos.

–Cielo... –dijo Peter, que detestaba las discusiones–, verás, no creo que sea una buena idea que vengas a vivir con nosotros y...

–¡Fantástico! ¡Maravilloso! ¡Espléndido! –exclamó Laura, poniéndose en pie bruscamente y haciendo saltar una taza de café–. Tú tienes la culpa de todo esto, bruja nariguda e intrigante –dijo, señalando con un dedo a Betsy–. Has puesto a mi padre en mi contra.

–Laura, Laura, por el amor de Dios, cálmate –dijo Peter–. No estoy en tu contra. Solo me pregunto si es sensato que vengas a vivir con nosotros. Quiero decir..., ¿y el colegio?, ¿y tus amigos? La casa nueva está a veinte kilómetros de Leehampton. Y mamá..., ella te necesita y te quiere.

–Oh, sí –repuso Laura entre lágrimas–. Si me quiere tanto, ¿por qué va a tener otro hijo? Supongo que se ha hartado de mí y ha decidido tener un modelo de recambio. Después de todo, ahora tiene a ese plasta que la hace feliz.

–El amor no se raciona –dijo Betsy, tras dar un sorbo de café de flores silvestres–. El hecho de que tu madre tenga un compañero nuevo y vaya a tener otro hijo no significa que el cariño que siente por ti haya disminuido. Si tú te fueras ahora, la destrozarías y acabarías por odiarte a ti misma.

–Pero ¿quién te crees tú que eres para soltarme un sermón? –gritó Laura–. Tú, que nos robaste a mi padre, ahora pretendes decirme lo que tengo que hacer. Tú cierra la boca..., ¡puta!

–¡Laura! –intervino Peter de inmediato–. ¡Pídele perdón a Betsy!

–¿Y por qué debería hacerlo? Ahora que lo pienso, la culpa de todo la tiene ella. Si no te hubiera seducido y apartado de mamá, no habría aparecido Melvyn y mamá no estaría embarazada.

–Estoy esperando que pidas perdón –dijo su padre apretando los dientes.

–¡Pues puedes seguir esperando! –replicó Laura precipitándose hacia el recibidor para, seguidamente coger la mochila y salir dando un portazo.

Peter se dejó caer en una silla.

–Nos ha chafado el día –dijo, frotándose los ojos–. En fin, así practico para cuando tu hija Sonia tenga su edad.

–Sonia ha sido educada como es debido y jamás se comportará así.

«No estaría yo tan seguro», pensó Peter.

32

¿Amor al arte?

Laura avanzó por la carretera, pedaleando con furia, en dirección a Leehampton Road. Las lágrimas le nublaban la vista y le hacían zigzaguear peligrosamente. Estaba decidida a no volver a casa..., al menos no todavía. Que se preocuparan todos por ella, que se dieran cuenta del daño que le estaban haciendo.

El problema era adónde ir. Entonces se le ocurrió una idea. Iría a casa de Gemma..., era siempre tan comprensiva... Le contaría lo del niño y Gemma se compadecería de ella.

Pero en el número 49 de Billing Hill no había nadie. Llamó varias veces, escudriñó a través de los cristales, pero no vio nada. Hasta las amigas la abandonaban en los momentos de necesidad.

–No hay nadie, se han ido esta mañana y todavía no han vuelto.

Jon estaba apoyado en el muro de separación, con las manos manchadas de grasa de bicicleta, y le sonreía.

–Ah, hola –dijo Laura, sintiendo que el corazón le daba un vuelco.

«Oh, no, mi cara... –pensó–, la tendré roja e hinchada. Pero ¿por qué tengo que tener siempre un aspecto horrible cuando me lo encuentro?»

–Buscaba a Gemma –mascullό, tratando de mantener el rostro vuelto hacia el otro lado.

«Pero te prefiero a ti», añadió mentalmente.

–Lo suponía –dijo Jon, intentando apartarse el pelo de los ojos con la muñeca y consiguiendo solo mancharse de aceite la mejilla–. ¿Quieres que le diga algo?

«Sí, que creo que eres el chico más guapo que hay en toda la faz de la Tierra.»

–No, gracias, no hace falta.

–Vale, pues hasta otra –dijo él, y a continuación dio media vuelta para entrar en su casa.

«Pensándolo bien...», se dijo Laura.

–¡Oye, quería pedirte un consejo! –gritó.

Jon se volvió con expresión perpleja.

–Verás..., tengo que encargarme de toda la publicidad del musical que vamos a representar en el colegio por Navidad. Ya sabes, pósters, programas y todo eso. Estamos montando...

–¡*Oliver!*, lo sé. ¡Qué suerte! –dijo Jon–. Estoy impaciente por ir a Lee Hill, así podré por fin dibujar los bocetos para las coreografías y cosas así. En Bellborough Court escasean bastante las actividades teatrales.

–Lo que quería decirte –continuó Laura– es si te importaría echar un vistazo a mis ideas y decirme qué te parecen. Sé que eres un as del dibujo y me gustaría que me dieras tu opinión.

–De acuerdo –dijo Jon, tratando de no parecer demasiado complacido–. ¿Quieres pasar y enseñarme lo que has hecho? Mis padres no están, así que disponemos de toda la casa.

Genial. Pasaría una hora o más allí con Jon, y que los demás se fueran al infierno y se murieran de preocupación por ella. Les estaba bien merecido.

El dormitorio de Jon era increíble. No había ni un solo centímetro de pared visible; todas las paredes estaban cubiertas de pósters, dibujos, esbozos, historietas... Había retratos de perros y gatos, caricaturas de políticos, de la familia real, de estrellas de cine..., incluso había uno de los East 17. Y justo encima de su cama estaba el retrato de una chica. La modelo era inconfundible: Sumitha.

Jon captó la mirada de Laura mientras lo contemplaba.

–No estoy seguro de haber sabido plasmar muy bien su expresión –dijo–. He tenido que dibujarlo de memoria. Supongo que tú no tendrás una foto suya..., una de carnet o algo así.

–No –contestó con sequedad Laura–. Pero podrías preguntarle a Bilu –añadió maliciosamente.

El semblante de Jon se ensombreció.

Laura se ablandó.

–Entonces, como te decía, estos pósters...

–Ah, sí –dijo Jon–. Espera que voy a buscar papel.

Se dirigió a la cómoda, cogió un puñado de folios y los dejó caer sobre la cama. Encima de todo estaba el dibujo que había hecho en el curso de verano.

–¡Pero si esa soy yo! –exclamó Laura, sorprendida.

–Ah, sí, bueno..., siempre estoy garabateando –dijo Jon atropelladamente y colocando la hoja al final del montón. ¡Vaya corte! Ni se había dado cuenta de que aún lo tenía.

«Me ha hecho un retrato –pensó Laura–. Y lo tenía encima de la cómoda.»

–¿Cuándo lo hiciste? –le preguntó.

–Hace siglos –contestó Jon–. Ni siquiera recordaba haberlo hecho.

«O sea, que ha sido su inconsciente el que se lo ha hecho dibujar –pensó Laura, que había leído *Introducción a la psicología* de principio a fin–. Yo soy el objeto de tu amor, pero tú aún no estás preparado para reconocerlo. Está bien, sé esperar.»

–El pelo es increíble, ¿verdad? –dijo Jon.

–¿Esta melena roja? –repuso Laura, sorprendida–. Yo la odio.

–El tuyo no, tonta..., el de Sumitha. El pelo negro es tan..., tan bonito. Pero es muy difícil dibujarlo en un retrato. Bueno, volvamos a lo nuestro... ¿Qué ideas tienes para los pósters?

El resto de la tarde pasó en un suspiro. A Laura, que dominaba bastante bien las palabras, se le ocurrieron eslóganes excelentes como: «¿Os gustaría ver algo distinto? ¿Os gustaría divertiros como nunca? Entonces, el Lee Hill os espera con *¡Oli-*

ver!», mientras que Jon trazó espléndidos dibujos para la cubierta de los programas y para los carteles.

A las cinco, Laura sintió que tenía el estómago vacío y decidió volver a casa.

–Cuando se te ocurran más cosas, ven y las trabajaremos juntos –dijo Jon–. Hasta pronto.

Justo cuando Jon se disponía a entrar de nuevo tras haber acompañado a Laura hasta la puerta, un coche se detuvo delante de su casa. Sorprendido, vio a su madre sentada en el asiento delantero, charlando animadamente con un tipo que él no conocía. Luego la vio inclinarse hacia delante y besar al conductor en la mejilla. No daba crédito a sus ojos.

–¿Quién era ese tío? –preguntó como el que no quiere la cosa, mientras su madre ponía a hervir agua para el té.

–Hummm..., es un chico que va a clase conmigo. Mi coche tiene la batería descargada y se ha ofrecido a traerme a casa. ¿Te apetece un poco de té, cielo? Yo voy a subir a darme una ducha.

Cuando Jon hubo vertido el agua, vaciado la tetera y repetido la operación porque se le había olvidado poner las bolsitas, y se hubo comido tres galletas de chocolate, su madre ya había acabado de ducharse y su padre había vuelto de jugar al golf.

–¿Ha ido bien la partida, papá?

–¡Pche...! –El señor Joseph acompañó la respuesta con un gesto de la mano.

–¿Qué ocurre, Henry? –preguntó la señora Joseph mientras servía el té.

–Estoy perdiendo mi toque mágico... Debo de estar en baja forma, porque antes lanzaba con mucha más energía y calculaba perfectamente la dirección en la que había que enviar la bola.

–Te estás haciendo viejo, papá, ese es el verdadero problema –dijo Jon, tomándole el pelo.

Su padre lo miró malhumorado y se fue al piso de arriba. Entonces fue cuando Jon se percató de que su madre no había saludado a Henry con el acostumbrado beso de bienvenida. Y su padre ni siquiera parecía haberse dado cuenta.

33
Gemma lo cuenta todo

Gemma se pasó el lunes contándole a todo el mundo lo de Rupert.

–¿Cómo es? –preguntó Chelsea durante la hora de la comida.

–Muy simpático y amable.

–Pero ¿es guapo? –preguntó Sumitha–. Bilu está como un tren.

–¡Pche...! –dijo Gemma, sin mojarse demasiado. Tenía que admitir que, al ver a Rupert, lo último que a una le pasaba por la cabeza era decir que «estaba como un tren»–. Pero tiene una sonrisa preciosa –añadió. Al menos eso era verdad.

–Bilu tiene una sonrisa de infarto –sentenció Sumitha.

Laura alzó los ojos al cielo y Chelsea hizo una mueca a espaldas de Sumitha. Se estaban hartando de oírle cantar constantemente las excelencias de Bilu.

–Un tío así debe de tener un montón de amigas –dijo Laura, recordando que Jon le había dado a entender que la monogamia no era una de las virtudes principales de Bilu.

–¡Desde luego que no! –repuso Sumitha rápidamente–. No deja de repetirme que soy la única para él.

«¡Claro! ¿Cómo no?», pensó Laura.

–Entonces, ¿cuándo nos presentarás a Rupert? –preguntó Chelsea.

–Pronto –aseguró Gemma.

34

Las cosas se complican

Durante las semanas siguientes, cada cual estuvo centrado en sus propias preocupaciones. Laura, harta de oír hablar a Gemma y a Sumitha de sus asuntos amorosos, decidió comunicar la noticia del embarazo de su madre. Le pilló desprevenida el hecho de que sus amigas, en vez de compadecerla, la considerasen realmente afortunada.

–¡Es fantástico! –Chelsea consiguió fingir sorpresa–. ¿Podré cogerlo en brazos cuando nazca? Será una monada, seguro..., ¡tan chiquitín...!

–Por mí, puedes quedártelo para siempre.

–No entiendo por qué te fastidia tanto –dijo Sumitha–. Piensa en el dinero que ganarás haciendo de canguro. Yo era demasiado pequeña para ocuparme de Sandeep..., pero tú no.

«En efecto», pensó Laura.

–Todo serán ventajas para ti –dijo Gemma–. Los gemelos eran encantadores de pequeños, pero ahora ya no tengo ninguna intimidad, utilizan mi lápiz de ojos para pintarrajear y tengo que tragarme por enésima vez los dibujos animados de Tom y Jerry. Tú, en cambio, ya estarás en la universidad cuando tu hermanito tenga la edad de los gemelos. ¿Prefieres un niño o una niña?

Sin embargo, Laura no empezó a contemplar la llegada del bebé como un acontecimiento no solo soportable sino incluso positivo hasta que Jon, la mañana de un sábado lluvioso, fue a su casa para explicarle cómo había que diseñar los carteles. Jon y Laura estaban sentados en la cocina, rodeados de papeles, lápices, rotuladores y pinturas al pastel cuando Ruth volvió de hacer unos recados.

–Mira qué he encontrado para el niño –dijo, mostrándole un minúsculo mono amarillo limón con un pingüino en el pecho–. ¿No es una monada?

Laura le lanzó una mirada arisca.

«¡Ya he metido la pata otra vez!», pensó la señora Turnbull, batiéndose rápidamente en retirada.

–No me habías dicho que tu madre va a tener un niño –dijo Jon en tono acusador–. ¡Es fantástico!

–Pues a mí no me lo parece –repuso Laura–. Ya es bastante trágico tener una madre que anda por ahí de la mano de un tío que tiene la mitad de años que ella. Pero encima un niño..., ¡es penoso!

–Deberías considerarte afortunada –dijo él–. Al menos tu madre y..., hummm...

–Melvyn.

–... y Melvyn son felices. Mis padres parecen dos desconocidos que viven en la misma casa.

Laura no estaba segura de lo que debía decir.

–Los míos estaban así antes de divorciarse.

«¡Oh, no! Pero ¿qué estoy diciendo?», pensó.

–A lo mejor es que trabajan demasiado –se apresuró a añadir, al ver la expresión de tristeza en el rostro de Jon–. Tu madre ha empezado a estudiar, ¿verdad?

Jon asintió con el semblante sombrío.

–Claro, en mi opinión se trata de eso. Ir a clase todos los días, conocer a gente nueva... Todas esas cosas cansan mucho.

Esperaba ardientemente parecer madura y segura de lo que decía.

«El hecho de que conozca a gente nueva es lo que me preocupa», pensó Jon. Pero decidió cambiar de tema.

–Los recién nacidos son especialmente difíciles de retratar –dijo, pensativo–. ¿Crees que tu madre me dejará hacerle un retrato al bebé cuando nazca? Si no es molestia, claro. Sería un elemento muy importante en mi álbum de retratos.

«¿Molestia? Aunque le moleste, no hay más que hablar –pensó Laura–, si eso significa verte más a menudo.»

Quizá aquel niño podía serle útil, después de todo.

35
Mudanza a la vista

La madre de Laura había dejado de vomitar y había empezado a preocuparse: ¿cómo se las iban a arreglar con un niño recién nacido en aquella casa ya abarrotada?

–Buscaremos otra casa –dijo Melvyn con su calma habitual.

–Pero si no podemos permitírnoslo –repuso Ruth–. ¿O sí? –añadió, esperanzada.

–Mira –dijo él–, yo tengo un poco de dinero ahorrado. Si añadimos lo que te ha dado Peter de la venta de vuestra casa, quizá tengamos suficiente para dar una entrada. Necesitamos como mínimo tres dormitorios o mejor cuatro..., así podría tener un cuarto para el ordenador y mis cosas, y quedarían dos para Laura y el niño.

Ruth estaba emocionada.

–Podría acercarme a la agencia inmobiliaria mañana, antes de ir a la clase de preparación para el parto –dijo–. Laura dará saltos de alegría.

36
Tácticas dietéticas

A medida que transcurrían las semanas, el régimen dietético de Gemma se volvía cada vez más férreo, pero no menos complicado. Se ponía jerséis anchísimos para esconder lo que a ella le parecía una cantidad absolutamente obscena de carne; incluso se compró una sudadera del uniforme escolar dos tallas más grande. El desayuno no le planteaba ningún problema; su madre estaba demasiado ocupada con los gemelos y Sammy para percatarse de lo que comía ella. De camino al colegio, tiraba a una papelera los panecillos con mantequilla de cacahuete, las galletas de chocolate y los trozos de pastel casero que su madre se empeñaba en prepararle, y los cambiaba por un par de zanahorias y una manzana que cogía del frigorífico antes de salir. La cena era un asunto más complicado. Su madre le servía raciones enormes para que tuviera energías, pero Gemma había conseguido idear un sistema que parecía funcionar: primero se comía todas las verduras y luego, por debajo de la mesa, empezaba a darles patadas a Daniel y a Luke hasta que uno de los dos empezaba a llorar; entonces, mientras su madre estaba entretenida consolándolo con su habitual «¿Pero qué le pasa a mi ratoncito? ¡No llores, chiquitín!», metía la comida que engordaba o era sospechosa de poder hacerlo en una bolsa de plástico. De vez en cuando su madre, al ver el plato vacío, le aconsejaba que no comiera tan deprisa, a lo que Gemma respondía diciendo: «¡Es que estaba tan bueno, mamá!». Entonces su madre le alborotaba el pelo y decía: «Gracias, cielito», y ahí acababa la historia.

El problema era que la técnica de las patadas no siempre surtía efecto. Algunas noches se veía obligada a comerse algunos trozos, y eso la contrariaba muchísimo. Se pesaba todas las mañanas, a pesar de que en el libro de las dietas ponía que había que hacerlo solo una vez a la semana, y todas las noches se medía los muslos, la parte superior de los brazos, la cintura y... el aborrecido pecho.

Además, Rupert la había telefoneado la semana después de conocerse para invitarla al cine, pero un par de días más tarde había vuelto a llamar para decirle que no podía ir porque estaba enfermo. Gemma sabía que estaba perfectamente; lo que pasaba es que no tenía valor para salir con una gorda como ella. Lo peor era que, tras haber hablado largo y tendido de él con sus amigas, ahora tendría que reconocer que la cosa había salido mal antes incluso de haber empezado. Más valía no decir nada de momento.

37
De bien...

Laura llevaba la cuenta del tiempo que faltaba para la representación teatral. Había comprado en la farmacia un frasco de tinte para el pelo de color «Esplendor Negro» y tenía intención de convertirse en una morena absolutamente irresistible. Todas sus visitas a casa de Jon (que habían sido bastantes, pues procuraba olvidar siempre algo) habían sido puramente platónicas. Había esperado en vano que él le prometiera amor eterno, estrechándola entre sus brazos y cubriéndola de besos. Pero él no hacía más que hablar de los maravillosos ojos negros de Sumitha y de sus espléndidos cabellos. Bueno, en lo referente a los ojos no podía hacer gran cosa, pero en lo que se refería al pelo Laura estaba decidida a intervenir. Ahora, todas sus esperanzas estaban puestas en «Esplendor Negro».

Para Sumitha, las semanas pasadas habían sido las más hermosas de su vida. Bilu se había quedado dos veces en su casa y la había llevado a sitios increíbles. La semana anterior habían ido en coche a Wellinford, a más de cincuenta kilómetros, y habían estado en un *night club* (aunque a su padre le habían dicho que iban al cine). Sumitha había bebido un combinado que se llamaba Noche de Pasión y que había hecho que la cabeza le diera vueltas y las piernas se le aflojaran. Al subir al coche para volver a casa, Bilu se había inclinado para besarla y le había dicho: «Estás aprendiendo muy deprisa..., haremos de ti una auténtica mujer de mundo», cosa que la había enorgullecido. Luego se había dormido y Bilu había tenido que despertarla al llegar.

38

... a peor

Para Chelsea, en cambio, las cosas no iban tan bien. En primer lugar, el sábado anterior había accedido a ir de compras al centro con su madre y había sido un desastre total.

Se encontraban en una tienda de ropa de ultimísima moda cuando, mientras Chelsea echaba un vistazo a unos jerséis escotados sin mangas, su madre salió del probador vestida con unas mallas estampadas y una amplia camiseta que llevaba la siguiente inscripción: «Little Miss Wonderful».

–¡Mamá! –Chelsea la agarró de un brazo–. No pretenderás comprarte eso, ¿verdad?

–¿Y por qué no? –repuso su madre, dando vueltas ante el espejo y haciendo que su celulitis se bamboleara–. Últimamente he estado en bastante baja forma. Así que he pensado que estaría bien comprarme algo alegre para subirme la moral. Papá dice que tenemos que reducir gastos, pero este conjunto es una auténtica ganga.

–Pero tú eres demasiado mayor para ponerte ese tipo de ropa.

–¡Tonterías! –replicó su madre alegremente–. Uno es mayor si se siente mayor. Y además, no sienta nada bien andar por ahí vestida con colores oscuros.

–¡Mamá, si te empeñas en comprártelo, cógelo al menos negro!

–¡Hijos! –exclamó Ginny dirigiéndose a la dependienta, que seguía la conversación con cierto interés–. ¡Carecen por completo de estilo!

«¡Madres! –pensó Chelsea saliendo de la tienda mientras su madre, en absoluto desanimada, compraba el horrible conjunto–. Deberían hacer una ley...» En ese momento vio algo que la dejó de piedra. En la acera de enfrente, delante de una tienda de discos, estaba Bilu Chakrabarti abrazado a una chica. Y no era un abrazo fraternal, ni mucho menos. «¡Jo! –pensó Chelsea–, ¿y ahora qué le digo a Sumitha?»

39
¡La odio!

Pero a Chelsea la esperaban otros problemas muy distintos. Su padre había ido a Londres a grabar el programa de Superchef y su madre había escrito una nota en *El Eco* de Leehampton.

UN COCINERO DE LEEHAMPTON
EN SUPERCHEF

Barry Gee, el marido de nuestra colaboradora Ginny Gee, participó la semana pasada en la primera fase del popular concurso culinario Superchef. Barry, que tiene 50 años y es consultor culinario en Leehampton, propuso una selección de «recetas típicas de la región» y...

–¿Consultor culinario? –preguntó Chelsea.

–Bueno, no podía decir que se dedica a recorrer la ciudad en una furgoneta vendiendo sopa, ¿no?

–Pero, papá, ¿has ganado? –preguntó Chelsea.

Evidentemente, no permitiría que sus amigas vieran la televisión si su padre había quedado como un perfecto imbécil.

–Míralo y lo verás. No se nos permite revelar los resultados antes de la transmisión.

Por si todo eso fuera poco, Mandy Fincham estaba empezando a sacarla de quicio. En los ensayos de la semana anterior, Horage dijo: «Eres una Nancy perfecta, Mandy», y Chelsea comentó en voz baja: «Porque para hacer de tonta no necesita actuar». Pero resultó que la McConnell estaba justo detrás de ella, la oyó y la mandó al despacho del director, quien tras soltarle un sermón sobre el daño que causan los comentarios ácidos y maliciosos, la obligó a quedarse en el colegio hasta una hora después de que acabaran las clases. Pero lo peor era que Rob seguía pensando que el sol solo resplandecía a través de los hermosos ojos de Mandy.

La verdadera crisis se produjo unos días más tarde. Chelsea, que había ido a buscar los platos de papel hechos por los estudiantes de arte para la escena de la comida, entró en el Aula Magna del colegio, donde había quedado con Sumitha, al finalizar el ensayo. De Sumitha no había ni rastro, pero vio, parcialmente escondidos por los cortinajes, a Rob y a Mandy Fincham. Estaban besándose.

Chelsea sufrió tal conmoción que se desplomó sobre una silla y dejó caer ruidosamente la pila de platos. Al oír el estruendo, Rob y Mandy se separaron apresuradamente.

–Ah, no pasa nada, es Chelsea –dijo Mandy, pasándole a Rob un brazo por el cuello–. Creía que era Horage el Terrible.

–Rob..., ¿qué haces aquí? –balbuceó Chelsea.

–Hummm..., pues..., estábamos ensayando la escena del beso –dijo, bajando la mirada y sonrojándose.

–¡No me parecía precisamente un ensayo! –exclamó Chelsea–. Pero si quieres exhibirte con una... gallina clueca como esa, allá tú. ¡No te preocupes, a mí me da igual!

Mandy soltó una de sus acostumbradas carcajadas chillonas.

–¡No nos preocupa, no nos preocupa en absoluto! –replicó–. ¿Por qué iba a preocuparnos?

Chelsea salió corriendo del aula y se dio de bruces con Laura.

–¡La odio! ¡La odio! –dijo gritando, y se echó a llorar.

–Creo que será mejor que hagamos una parada en el McDonald´s antes de volver a casa –dijo Laura.

Después de dos batidos de frambuesa y una generosa ración de patatas fritas, Chelsea se sintió mejor.

–Si de verdad quieres a Rob, tendrás que demostrarle que eres mucho mejor que Mandy. Conquístalo con tu encanto.

«Es justo lo que diría mi madre», pensó Chelsea.

–¡Dios, qué volubles son los chicos! –exclamó–. Pero ¿cómo ha sido capaz?

–Oye –dijo Laura en tono razonable–, no puedes llamarle voluble así como así. Él y tú no salís juntos,

¿no? Si fuera así, tendrías todo el derecho del mundo a hacerle una escena, pero no es el caso.

–Por cierto... –dijo Chelsea, y le contó a Laura que había visto a Bilu con una desconocida–. ¿Qué hago? ¿Se lo digo a Sumitha o no? –le preguntó.

–Más vale que no..., de momento –contestó Laura–. Le haría mucho daño. Además, a lo mejor cuando lo viste estaba rompiendo con ella porque ha conocido a Sumitha. Quizá era un beso de despedida.

–Es posible, pero ¡menuda despedida!

40
Jon pasa a la acción

Jon empezaba a preocuparse. La semana anterior, cuando se dirigía a la biblioteca en bicicleta, había visto a su madre y a aquel hombre entrando en una tienda de antigüedades, riendo, alegres como una pareja de adolescentes. Y ayer ella había vuelto a casa tarde después de clase.

–¿Dónde has estado? –le preguntó su padre, de mal humor.

–Era el cumpleaños de Vernon y hemos ido en grupo al bar a tomar algo.

–¡Ah! –dijo Henry–. ¿Has conocido a gente interesante? ¿Clientes potenciales?

Jon tenía ganas de zarandearlo. «¿No ves lo que está pasando, papá? –pensó–. Haz algo rápido, antes de que sea demasiado tarde.»

En vista de la situación, a la mañana siguiente le dijo:

–Papá, ¿te importaría que fuese a hacer unos lanzamientos contigo un día de estos? Es para practicar un poco.

Henry lo miró, incrédulo.

–Pues claro que no, si te apetece... No sabía que te interesara el golf.

–Digamos que me gustaría entender por qué a ti te gusta tanto –mintió Jon.

–Fantástico..., ¿qué te parece el viernes por la tarde? –propuso Henry, y por primera vez desde hacía mucho tiempo se sintió increíblemente contento.

41
Las madres se consultan

Hacía mucho tiempo que las mamás no se reunían para charlar un poco, y la última vez Claire Farrant no había podido ir. Ahora que los gemelos iban a la guardería y Sam al colegio, los días le parecían muy vacíos. Pero faltaba poco para las vacaciones de Navidad, y entonces al menos los más pequeños se quedarían en casa con ella.

«Prepararé unos dulces para Gemma –se dijo mientras estaba en el supermercado–. Últimamente come muy poco y debo tentarla con alguna golosina.»

En ese momento se encontró con Ruth y Ginny. Ruth se hallaba conmocionada porque acababa de ver los precios de los artículos para bebé y trataba de recuperarse comprando chocolate, plátanos y col lombarda en abundancia para satisfacer sus últimos antojos; Ginny, en cambio, que seguía intentando reducir gastos, iba a la caza y captura de ofertas «2 al precio de 1» en la sección de cosmética.

–¿Por qué no venís a comer a casa? –propuso Claire, y a ninguna de las dos les pasó por alto el tono suplicante de su voz–. Hace mucho que no nos vemos.

–Me gustaría mucho, pero le he dicho a Chitrita que pasaría por su casa –dijo Ginny–. Me ha parecido que estaba un poco en baja forma. Además, tengo que escribir dos artículos.

–Podemos llamarla por teléfono y decirle que venga. No hará falta comprar casi nada. Tengo vino blanco en la nevera –añadió.

–¡De acuerdo, vamos! –dijo Ginny.

Como Ginny era la única que había visto a Ruth desde que esta se quedara embarazada, los primeros diez minutos de la comida estuvieron dedicados a las felicitaciones y los comentarios tipo «Menos mal que no me ha pasado a mí», de la madre de Jon (que había ido a pedir papel de seda para hacer una pantalla de lámpara, pero había decidido posponer la tarea y quedarse a comer), o «¡Cómo te envidio!», de la madre de Gemma.

–¿Está contenta Laura? –preguntó Claire mientras aliñaba la ensalada.

–No está precisamente loca de alegría –dijo Ruth con amargura–. Según ella, he cubierto a la familia de vergüenza... Melvyn, en cambio, es el extremo opuesto: parece el primer hombre de la historia del mundo que haya participado en la concepción de un hijo. Sale de casa con una sonrisa de felicidad dibujada en la cara. –Ruth hizo una mueca–. Aunque supongo que se le pasará en cuanto se entere de lo que valen los cochecitos, las cunas, los pañales...

–Por esas cosas no te preocupes –dijo Claire con

desenvoltura–. Yo puedo prestarte un montón de ropa; tuvimos que comprarlo todo doble para los gemelos. Son tan adorables de pequeños, ¿verdad? –añadió con aire soñador.

–Chelsea me ha dicho que Sumitha sale con un chico –dijo Ginny, dirigiéndose a Chitrita–. Creía que Rajiv no le permitía tener amistades con el sexo opuesto.

La señora Banerji suspiró.

–Rajiv está convencido de que Bilu es el chico ideal. Es pariente lejano de una tía o una prima suya, lo que para él constituye una garantía más que suficiente. Pero yo no estoy tan segura. No me convence nada todo esto.

Las demás esperaron en silencio que siguiera.

–La otra noche salieron para ir a ver esa película de ciencia ficción de la que habla todo el mundo, pero cuando volvieron a casa Sumitha presentaba todos los síntomas de una miniborrachera –dijo Chitrita.

–¡No! –exclamaron las otras a coro.

–Estoy segura. Ella me dijo que se había mareado en el coche, pero me parece muy raro, porque nunca le ha pasado. Además, le olía el aliento a alcohol.

–¿Les dijiste algo? –preguntó Ginny.

Chitrita negó con la cabeza.

–No. Bilu estuvo muy convincente y..., bueno, es nuestro invitado.

–Y como tal, debería cuidar de tu hija –insistió Ginny en tono severo–. ¿Y Sumitha?

–Bueno, cuando le pregunté por la película..., el argumento, qué pasaba y todo eso, dijo cosas muy vagas y cambió inmediatamente de tema. Y parecía sentirse culpable.

–Yo creo que deberías decir lo que piensas, Chitrita –dijo Ginny–. Diles a Bilu y a Sumitha lo que están autorizados a hacer y lo que no, y que deben respetar las reglas. Hazlo antes de que sea demasiado tarde.

La señora Banerji admitió que debería haber tenido más cuidado.

–Claire –dijo a continuación, volviéndose hacia la señora Farrant–, quería pedirte un favor. Van a ingresar a Ellie en el hospital para hacerle una operación. Al parecer, no tenía gripe, sino piedras en el riñón o algo parecido. En fin, sea como sea, ¿te supondría un sacrificio muy grande hacerte cargo de la guardería? Serán solo un par de meses. Por favor...

Todas esperaban escuchar excusas para librarse de semejante trabajo. Sin embargo, Claire dijo:

–Lo haré encantada. Será maravilloso poder salir un poco de casa. Y Andrew también se alegrará; le gustan las mujeres con intereses extradomésticos.

–Ojalá Henry también fuese así –dijo suspirando la señora Joseph, al tiempo que mordía distraídamente un tallo de apio–. Desde que he empezado a estudiar, está como un pulpo en un garaje. No le gusta que nada rompa su rutina, o que la comida y la cena se retrase unos minutos. Y ahora que ha empezado a hacer *jogging*...

–¿Henry... hace *jogging*? –preguntó Ginny, tratando de no echarse a reír al imaginar la cara rolliza y la barriga de Henry Joseph bamboleándose sobre las aceras de Billing Hill.

Anna asintió.

–Precisamente el otro día le comenté a Vernon...

–¿Y quién es Vernon? –preguntaron sus amigas. Aquello había despertado mágicamente su interés.

–Un compañero de clase –contestó Anna, liquidando rápidamente el asunto.

«Sí, claro», pensaron las demás.

–Pues le hablé del mal humor de Henry y de lo obsesionado que está con mantenerse en forma, y él cree que se trata de la crisis de los cuarenta. Henry tiene la tensión alta desde hace siglos, se toma pastillas y todas esas cosas, pero nunca ha sido de los que se preocupan mucho por la línea, mientras que ahora le ha dado por leer el manual de entrenamiento de rugby de Jon. El otro día lo pillé haciendo algunos de los ejercicios, y estaba congestionado por el esfuerzo.

–A esa edad, los hombres suelen hacer cosas raras –dijo Ginny.

–Por cierto, Barry ha encontrado trabajo, ¿verdad? –dijo la señora Farrant.

Ginny se encogió de hombros.

–¿Aún no os ha llegado la noticia? Ha comprado una furgoneta y va por ahí vendiendo guisos y sopas en envases de plástico. Por favor, no os riáis.

–A mí me parece una buena idea –dijo la señora

Banerji–. La zona industrial está a kilómetros de distancia de cualquier tienda y la gente se cansa de comer bocadillos todos los días.

–Sí, supongo que tienes razón –reconoció Ginny–. Chelsea no está muy entusiasmada –añadió tras beber un sorbo de vino.

–Pero ¿desde cuándo a los hijos les parece bien lo que hacen los padres? –repuso la señora Banerji–. Al menos ese musical, *¡Oliver!*, parece que los tiene bastante ocupados.

Ruth asintió.

–Sí. Hace días que no sufrimos un arrebato o un numerito de histeria en casa. A lo mejor el curso acaba con tranquilidad.

Pero esta previsión no tardó en revelarse muy aventurada.

42
Ojos abiertos

El sábado era el cumpleaños de Sandeep y los Banerji lo llevaron a comer pizza con sus compañeros de colegio.

Mientras volvían a casa, Sandeep le dio un codazo a Sumitha.

–¡Eh, mira! –dijo.

–¿Qué quieres, plomo? –murmuró Sumitha, que, tras haber pasado siete horas en compañía de un montón de críos chillones, estaba en las últimas.

Sandeep señaló con un dedo.

En la acera, a la puerta del Contrary Cockerel, estaba Bilu. Tenía a una chica cogida por la cintura. Sumitha profirió una exclamación sofocada.

Tenía que haber una explicación. Ella era la novia de Bilu.

La señora Banerji también lo había visto. Iba a hacer un comentario al respecto, pero pensó que era mejor no decir nada. Simplemente debía tener los ojos todavía más abiertos que antes. Al parecer, Bilu no era puro e inocente, como todos creían.

43
Gemma tiene una cita

El lunes, Gemma recibió la tan esperada llamada de Rupert, que había estado enfermo de verdad. Había tenido anginas.

–Todavía tengo un par de días libres antes de volver al colegio –dijo– y he pensado..., bueno..., ¿te gustaría venir conmigo a ver la última película de Batman?

–Sí, claro, me parece una idea estupenda. ¿Cuándo?

–¿Esta tarde? –preguntó Rupert–. Mi padre tiene que ir a no sé qué club y podría llevarnos en coche.

–Fantástico –dijo Gemma.

Había sucedido. Tenía una cita con un chico.

Gemma se pasó tres horas vaciando su armario, esparciendo el contenido por el suelo y quejándose de que no tenía nada que ponerse. Al final se decidió por unos pantalones negros y una camisa roja de satén. Era la primera vez que se atrevía a salir de casa sin un jersey ancho que le llegara hasta las rodillas, pero había perdido casi seis kilos y podía arriesgarse.

Mientras tanto, su madre le estaba soltando la cantilena.

–Gemma, es la primera vez que sales con un chico. No es que Rupert vaya a hacer nada malo..., es de buena familia, pero aun así recuerda que tú eres una chica y él un chico.

–¿De verdad, mamá? –repuso Gemma–. No me había dado cuenta.

–No seas maleducada, cariño –dijo su madre–. Lo único que quiero decirte es que lo trates como a un amigo..., eres demasiado joven para tener novio. Y en vista de que sir William os llevará en coche hasta el cine y luego te acompañará a casa, supongo que no hay motivos para preocuparse.

–Mamá, vamos al cine, no a una orgía –dijo Gemma.

Su madre la miró de reojo y se fue a pasar el aspirador, a arreglar las plantas del porche y a cortar el césped del jardín.

–Mamá, el padre de Rupert solo va a venir a buscarme, no a hacer una visita turística por la casa –dijo Gemma.

La señora Farrant examinó a su hija de arriba abajo un par de veces.

–Estás adelgazando, cielito. Voy a tener que comprarte un reconstituyente.

¡Entonces se notaba! Gemma se sentía en la gloria.

–Me encuentro bien, mamá. Solo estoy perdiendo un poco de grasa.

La señora Farrant asintió, resignada.

Rupert estaba de pie en la puerta, con una amplia sonrisa dibujada en la cara.

—Bueno, bueno... —dijo la madre de Gemma—, justo en este momento estaba diciéndole a Gemma que es un placer saber que está en compañía de un muchacho como es debido, aunque evidentemente ella es demasiado joven para tener...

—¡Mamá! —susurró Gemma. ¿Pero es que nunca aprendería?

Cuando llegaron al cine, Rupert compró una bolsa enorme de palomitas y se empeñó en compartirla con Gemma. El régimen las prohibía, naturalmente, así que, cada vez que cogía un puñado, Gemma las dejaba caer al suelo con mucho cuidado. A mitad de la película, Rupert le cogió la mano; estaba fría y sudorosa, pero al menos, pensó, un chico la estaba cogiendo de la mano, y sin duda eso significaba un paso adelante en la dirección correcta.

Una vez fuera del cine, Rupert dijo:

—Vamos a tomar un café mientras esperamos a mi padre.

Pidieron un par de cortados y se sentaron junto a la ventana.

Los ojos de Rupert parecían estar clavados en un punto a medio camino entre la barbilla y la cintura de Gemma, y esta se sentía un tanto incómoda.

—¿Y a qué colegio vas? —preguntó, con la intención de desviar su atención hacia otra cosa.

—Al Framchester College —respondió Rupert—. Cuatro generaciones de Kentigan-Fry han sido educadas allí. Mi bisabuelo fue el primero, y llegó a ser capitán del equipo de *cricket*, luego...

–Muy interesante –lo interrumpió Gemma, que no había previsto que tuviera que tragarse la historia del árbol genealógico de los Kentigan-Fry.

–¿Y tú a cuál vas..., al Hendon Hall? ¿O al Quinton Gate? –Rupert nombró un par de los colegios que su padre definía como terrenos para criar potrillos sin cerebro de la aristocracia.

–No, voy al Lee Hill –contestó Gemma–. Me matriculé cuando vinimos de Brighton el verano pasado.

–¿A Lee Hill? –repuso Rupert, estupefacto–. ¿Ese tugurio público?

–No es un tugurio –contestó Gemma, ofendida–. Es una escuela excelente.

–¡Sí, pero es una escuela pública! Seguro que está llena de tipos poco recomendables.

–No todas las escuelas públicas están pobladas de drogadictos y delincuentes, ¿sabes? –repuso ella–. Tengo muy buenos amigos allí.

–Todas chicas guapísimas como tú...

Gemma se calmó un poco. Nadie le había dicho nunca que era guapísima hasta entonces. ¡Y eso que todavía no había acabado de hacer el régimen!

Rupert alargó un brazo y le cogió la mano.

–Oye, mis padres van a dar una pequeña fiesta para celebrar que mi hermana Sophie cumple dieciocho años. Naturalmente, la fiesta propiamente dicha, con baile y todo lo demás, no se celebrará hasta Navidad, cuando Victoria, mi otra hermana, vuelva del colegio de Suiza. –Hablaba como si la gente fuera a bailes y fiestas día sí y día no–. Bueno, la cuestión es que Sophie quería que se hiciese algo el día de su cumpleaños, así que están organizando una cena en familia y papá ha dicho que podría invitarte como mi acompañante. Así también conocerás a mi madre.

Rupert miró ansioso a Gemma a través de las gafas.

«Es la segunda vez en una semana que un chico me invita a salir. Tengo que perder otros cinco kilos sea como sea.»

44
Gemma no se puede negar

Gemma estaba impaciente por contarle a alguien los detalles de la cita con Rupert y darle la noticia de la inminente fiesta. Así que lo primero que hizo a la mañana siguiente fue telefonear a Laura.

–¡Dios!, ¿y qué me pondré? –preguntó, desesperada, tras haberle contado lo que él le había dicho, y qué llevaba, y que parecía que ella le gustaba..., aunque sin mencionar lo de la mano fría y sudorosa–. Necesito que me aconsejes. Mi madre me ha sugerido que acortemos uno de sus antiguos vestidos de cóctel, ¿te lo imaginas?

Laura se echó a reír.

–Sí, me lo imagino, y no me parece una imagen muy atractiva. Yo también iba a llamarte. Tengo que pedirte un favor. ¿Estás libre esta tarde?

–Sí, creo que sí –respondió Gemma–. ¿Por qué?

Laura se lo dijo.

–Pero ¿estás segura de que es una buena idea? –preguntó Gemma.

–Claro, está todo controlado –contestó Laura–. Por favor, Gemma. Mi madre y Melvyn se van a ver no sé qué tontería de película sobre el nacimiento de los niños, y solo puedo hacerlo cuando no haya nadie en casa. Venga, te lo pido por favor. ¿Sabes qué haremos? Si estás de acuerdo, antes de empezar podemos ir a Boughton Hall y ver en qué clase de castillo vive Rupert.

–Vale –dijo Gemma–. Si estás decidida..., aunque yo creo que no es imprescindible. ¿Y si sale algo mal?

–Qué va. Es completamente seguro –dijo Laura–. Nos vemos a las tres. Y no le digas nada a tu madre.

45
Bilu trama un plan

Faltaban tres días para las vacaciones, y Bilu las pasaría en casa de los Banerji. A decir verdad, estaba un poco molesto porque ninguno de sus compañeros de colegio lo había invitado. La familia de Sumitha era muy amable, pero tan provinciana..., y él se aburría mortalmente.

Chitrita había ido a dar clase de inglés a un tropel de mujeres necias, Rajiv estaba en el hospital y Sumitha había ido a probarse el vestido para aquella estupidez de representación escolar. Él tenía que ocuparse de Sandeep hasta que Chitrita volviera. Pero ¿quién se pensaban que era, una especie de canguro sin sueldo?

Cuánto le hubiera gustado tener algo excitante que hacer, pero estando allí era sumamente improbable. Aunque el señor Banerji le permitía salir con Sumitha, siempre tenían que decir que iban al cine o a patinar. Si consiguiera llevarla a un sitio realmente especial y enseñarle que en el mundo existían cosas muy distintas de las reglas tontas de papaíto. Pero eso jamás sería posible mientras siguieran yendo a esa estúpida discoteca para párvulos, con todos sus amigos alrededor. Tenía que espabilarse.

Y la fiesta de Sam Bonner el viernes siguiente podía ser el lugar idóneo para poner en marcha su plan. Sí, esa era la oportunidad para sacar a Sumitha de su aburrido ambiente e introducirla en uno más estimulante.

46
Una charla entre hombres

Mientras Bilu se hallaba ocupado elaborando su plan de acción, Jon se estaba preguntando cómo introducir el espinoso tema en la conversación con su padre. Estaban en el campo de golf del club, en opinión de Jon desde hacía una eternidad, y Henry no paraba de hablar de la forma correcta de coger el palo, de lo importante que era mantener los hombros firmes para lanzar, etcétera.

–Papá, se impone beber algo. ¿Podemos hacer un descanso en el bar?

–Buena idea, vamos.

Mientras esperaban que les sirviesen las bebidas, Henry saludó a un amigo.

–Hola, Archie, te presento a mi hijo Jon.

Archie era un hombre corpulento, dotado de una fascinante colección de barbillas y papadas, y de unas pobladas cejas.

–Vaya, el famoso Jon. Estamos al corriente de todo lo relacionado contigo, ¿sabes? ¿Así que vas a revolucionar el mundo del arte con tus obras?

–Bueno, en fin, no creo que... –dijo Jon, ruborizándose.

–¡Oh, sí, tiene un talento increíble! –dijo su padre–. Y mi mujer, no sé si lo sabes, también va a montar un estudio de decoración.

–¿En serio? –preguntó Archie.

«Esto sí que es una sorpresa», pensó Jon.

–Sí, sí. Naturalmente, necesitará que la ayude en la cuestión financiera; tiene dotes artísticas, pero en lo que se refiere a cuadrar los números es un desastre. Como todas las mujeres, ¿no?

Archie y Henry bromearon un poco. Cuando Archie se hubo marchado, Jon pensó que había llegado el momento oportuno.

–Papá, ¿qué es esa historia de que vas a ayudar a mamá? Ya sé que ella tiene esa idea estrambótica de montar algo un día u otro, pero a ti ni siquiera te hace gracia que vaya a clase, o sea que si tuviese un trabajo de verdad...

Henry bebió un trago de cerveza.

–Bueno, verás, no puedo decir que al principio diera saltos de alegría, pero tu madre tiene talento. Yo me había dado cuenta hace siglos, por supuesto, pero esas cosas no se pueden forzar. Todavía no le he dicho nada, pero con la ayuda de una persona como yo podría tener excelentes oportunidades: dar consejos a los compradores de casas sobre cómo decorarlas, decorar casas rurales y cosas por el estilo.

–Pero, papá –insistió Jon–, el hecho de que vaya a clase, ¿no te molesta? Me refiero a que se pasa el día con chicos que acaban de terminar los estudios –añadió, procurando poner énfasis en la palabra «chicos».

–Tu madre siempre ha sido muy sociable –dijo Henry, sin captar la indirecta–. Se lleva bien con todo el mundo. Antes yo también era así, hasta que mi vida quedó reducida a trabajo, trabajo y trabajo. Pero ha llegado el momento de cambiar de cantilena. Y la pequeña empresa de tu madre podría ser justo el acontecimiento que nos transporte a todos al nuevo milenio.

Jon se quedó pensativo y dio unos sorbos de Coca-Cola.

–Jon –dijo su padre de pronto–, ¿crees que tengo un aspecto...? Quiero decir..., ¿te parece que aparento más años de los que tengo?

Jon lo miró sorprendido.

–No me he parado nunca a pensarlo. No, yo diría que no. Aparentas unos cincuenta años, la edad que tienes.

Henry suspiró.

–Pero me sobran unos cuantos kilos.

–Quizá sí –admitió Jon.

–¡Ah!... –dijo su padre, que esperaba una respuesta negativa.

–Pero podrías ponerte en forma –dijo Jon–. Ir al gimnasio, seguir un programa personalizado de ejercicios... ¿Sabes qué quiero decir?... Oye, ¿por qué no vamos juntos al gimnasio? Podríamos ir el fin de semana e, incluso, una tarde entre semana. ¡Venga!

Tal vez fuese precisamente eso lo que necesitaban Jon y él, razonó Henry.

–¿No te molestará que te vean con tu viejo padre?

–No, será divertido –dijo Jon.

«Y si consigues ponerte en forma, a lo mejor mamá deja de correr detrás de los estudiantes universitarios», pensó.

47
Destino cruel

–¡Dios mío, es imponente! –exclamó Gemma mientras Laura y ella bajaban de las bicicletas a pocos metros de la entrada de Boughton Hall–. No puedo ir..., probablemente todas llevarán enormes diademas de brillantes y...

–¡Pues claro que puedes ir! –dijo Laura–. Y tendrás que contármelo todo al detalle. Podría incluirlo en la novela. Mi heroína, lady Lavinia, acaba de enamorarse de Jonquil Descartes. Podría hacer que vivieran en una casa como la de Rupert después de la boda, y luego podrían descubrir que está embrujada, y luego lady Lavinia podría sufrir un terrible accidente y...

–¡Laura! –la interrumpió Gemma, riendo–. Si no te importa, hemos venido aquí para resolver mis problemas, no para escribir un culebrón. ¿Qué me pongo para ir a la fiesta?

–¡Bah, no será muy pomposa y formal! –dijo Laura con desenvoltura, como quien está acostumbrado a relacionarse con la alta sociedad–. Yo diría que lo apropiado es un vestido sencillo de satén plateado, unas sandalias con correa y una gargantilla..., sí, me parece una buena idea. –Laura miró a

Gemma con atención–. Has adelgazado mucho, ¿verdad?

¡Empezaba a notarse de verdad!

–Venga, volvamos a casa y ocupémonos de mi pelo –dijo Laura montando en la bici y empezando a subir la colina.

Gemma la siguió sin aliento. Estaba segura de que en las últimas semanas aquella colina se había vuelto más empinada. Le zumbaban los oídos y le daba la sensación de que tenía las piernas de gelatina. Afortunadamente, Laura se detuvo en lo alto para beber un trago de zumo de naranja de la botella que llevaba en el cesto del sillín.

–¿Te imaginas lo que debe de ser vivir en un sitio como este? –dijo Gemma entrecortadamente, aceptando un sorbo de naranjada.

Justo eso era lo que estaba pensando Laura. «Tú, Rupert Kenty, o como demonios te llames, pavoneándote en esta residencia de ricachones, mientras que yo, Laura Turnbull, me veo obligada a vivir en un cuchitril de cuatro chavos, con una madre embarazada y su amante imbécil.»

El destino podía ser muy cruel, mucho.

48

Por estar guapa se hace lo que sea

Aquella tarde, cuando la madre de Laura y Melvyn se hubieron ido, Laura y Gemma cogieron un montón de toallas limpias y se metieron en el cuarto de baño.

ESPLENDOR NEGRO
Negro azabache
Tinte permanente para cabellos
Color y brillo para una cabellera perfecta
Antes de utilizar, hacer una prueba
en un mechón

–Bueno –dijo Laura, leyendo las instrucciones en el frasco–, aquí dice que hay que cubrir cada centímetro de pelo, desde la punta hasta la raíz. Yo inclino la cabeza sobre el lavabo y tú te pones los guantes y me embadurnas.

–¿Estás completamente segura? –preguntó Gemma mientras se ponía los guantes–. En la foto se ve negrísimo.

En realidad, Gemma se estaba preguntando cómo quedaría una cabeza de pelo negro azabache con cejas rojizas y un mar de pecas como el que cubría el rostro de Laura, pero decidió no decir nada.

–¡Bueno, ese es exactamente el color que quiero! –repuso Laura en tono brusco–. He intentado ser una intelectual, pero no ha funcionado... Me he dado unos reflejos de esos que se aplican con el peine y nadie se ha dado cuenta.

–Ah..., yo creía que se te había aclarado el pelo de tomar el sol –dijo Gemma.

–No, era «Mechas Resplandecientes». Pero esta vez me transformaré por completo. *New look* total –declaró Laura, acercándose una toalla a la cara y bajando la cabeza hacia el lavabo–. Venga, empieza –masculló.

–¿Has hecho la prueba con un mechón? –preguntó Gemma.

–No, no tengo tiempo para esas tonterías –contestó Laura, impaciente–. Venga, empecemos, así podremos tomarnos un café mientras el tinte coge.

Después de haberse tomado el café, discutido sobre los diferentes vestidos que Gemma podría comprarse para la fiesta y debatido si Bilu estaba llevando un doble juego con Sumitha o no, de pronto Gemma se percató de que habían olvidado por completo el pelo de Laura.

–¡Ey! –exclamó–. ¿Cuánto tiempo hace que llevas ese mejunje en la cabeza? Hemos olvidado controlar el tiempo..., ¡Jo, aquí pone que hay que dejarlo solo quince minutos!

Ambas se precipitaron hacia el cuarto de baño.

–Aclaralo hasta que no se vea color en el agua –dijo Laura–. Date prisa, estoy impaciente...

Cinco minutos después, mientras Gemma se mordía ansiosamente el labio, Laura levantó la cabeza y se miró al espejo para contemplar su nuevo *look*.

–¡Oh, no! –gritó–. Pero ¿qué ha pasado?

En su cabeza había mechones de pelo de una tonalidad verde caqui, mientras que el resto era de un color carbón mate. Un desastre total.

Las primeras lágrimas resbalaron por las mejillas de Laura.

–¡Todo ha salido mal! –sollozó–. Y ahora ¿qué hago?

–No te preocupes –dijo Gemma–. Después de todo, lavándolo con champú se tiene que ir, ¿no?

Después de media hora, seis lavados con champú y otros tantos secados con toallas antes blancas y ahora a rayas negras y grises, el resultado era exactamente el mismo.

–¡Nunca más saldré de casa! ¡Menuda pinta tengo! Dios mío, Gemma, ¿qué voy a hacer?

Gemma no sabía qué decir.

–Estoy segura de que tu madre sabrá resolver la situación –dijo finalmente–. Y hablando de madres, más vale que me vaya. Le prometí a la mía que no volvería tarde. Esta noche viene mi abuela.

Lo que Gemma no dijo era que se sentía bastante débil. Y hambrienta. Solo había comido una manzana y tres galletas Cracker; quizá sería conveniente que comiera algo más..., otra manzana tal vez.

Una vez que Gemma se hubo ido, Laura se sentó en el borde de la bañera y estuvo largo rato llorando. Aquello ponía fin a sus esperanzas de conquistar a Jon. Si tenía dos dedos de frente, no permitiría que lo vieran con ella. Su vida había acabado. Ya podía meterse en la cama y esperar la muerte.

Cuando la madre de Laura y Melvyn regresaron a casa, Laura estaba acostada con una almohada sobre la cabeza.

–Se ha ido a dormir pronto –comentó Ruth mientras ponía a hervir agua para el té y se preparaba un bocadillo de Nocilla y plátano, su última pasión.

–Mmm... –dijo Melvyn–. ¿Son estos los folletos de las casas en venta que cogiste en la agencia inmobiliaria? –preguntó, señalando un montón de papeles que había en el banco de la cocina.

–Sí..., échale un vistazo a la casita de Berrydale –dijo Ruth–. Es una monada y el precio no está mal.

–Creo que deberíamos poner en venta esta casa cuanto antes. Mañana por la mañana me acercaré a la agencia y concertaré una cita para que la tasen.

–Perfecto –dijo Ruth–. En ese caso, más vale que me apresure a limpiarla a fondo. Ahora me voy a la cama; no me acordaba de que estar embarazada fuera tan agotador.

Melvyn fue a darse una ducha, operación que se reveló más complicada de lo previsto, pues no había ni una sola toalla limpia en toda la casa. Cuando abrió el armario, encontró un montón de toallas mojadas y llenas de manchas negras. Las examinó con el entrecejo fruncido y las olió de una en una. Salió en silencio y entreabrió la puerta del dormitorio de Laura. Esta dormía profundamente, pero a Melvyn le bastó echar un vistazo a su cara, enrojecida de haber llorado, y al increíble color de su pelo para comprender lo que había sucedido.

–¿Todo bien? –le preguntó Ruth con voz soñolienta mientras Melvyn se metía en la cama.

–Sí –respondió él. Quizá fuera un gesto diplomático tratar de resolver el problema solo.

49
Una ayuda inesperada

A las ocho y media de la mañana siguiente, Melvyn llamó a la puerta de la habitación de Laura.

–¡Vete! –Su voz sonaba nasal, como si hubiera pillado un buen resfriado.

Melvyn entreabrió la puerta.

–Laura, ¿puedo pasar un segundo?

–No, no puedes.

–Se trata de ese pequeño asunto de las toallas negras –se aventuró a decir.

Silencio.

–Y de tu pelo.

Ningún comentario.

–Dentro de un cuarto de hora tengo que irme a trabajar, así que he pensado que quizá podría llevarte en coche a alguna peluquería del centro para que te lo arreglen –añadió–. Pago yo, por supuesto.

Laura tragó saliva. Quizá después de todo quedaba un rayo de esperanza.

Abrió la puerta y Melvyn hizo un esfuerzo sobrehumano para no echarse a reír. Laura llevaba unos tejanos, un jersey negro y una colección de pañuelos de varios colores enrollados a modo de turbante en la cabeza.

–¿Crees que estoy un poco loca? –preguntó Laura, tratando de contener las lágrimas.

–No, claro que no –contesto Melvyn, muy serio–. Creo que te sientes estúpida, triste y angustiada, y que te preocupa lo que dirán los demás. Por eso una visita al peluquero no es una idea descabellada. Estoy seguro de que resuelven problemas de este tipo todos los días.

–¿Y vas a pagar tú?

–Pues claro. Por cierto, tu madre no sabe nada de lo ocurrido. Meteré las toallas en la lavadora mientras ella se ducha.

Laura bajó los ojos.

–Las habría puesto yo misma a lavar, pero...

–Lo sé, lo sé. Ayer no fue el día más feliz de tu vida, ¿verdad? Entonces, ¿qué? ¿Vamos?

–¿Y tú qué ganas con todo esto? –preguntó Laura, suspicaz.

–Laura, por favor, ¿por qué tienes que pensar siempre que la gente actúa con segundas intenciones? ¿No se te ocurre que lo hago porque te tengo cariño y porque comprendo cómo te sientes en estos momentos? –Melvyn le dio un fajo de billetes–. Aquí tienes treinta libras... Supongo que habrá bastante; si no, después pasaré a pagar lo que falte.

Laura sonrió entre lágrimas.

–Muchas gracias –dijo.

Tal vez Melvyn no era tan plasta como ella creía.

–Buenos días, ¿en qué podemos ayudarte? –dijo la chica de recepción.

–Hemmm..., quisiera hablar con alguien acerca de mi pelo –dijo Laura–. Algo ha salido mal.

Dos horas y media más tarde, Laura se miró al espejo. Sus cabellos eran de un cálido color cobrizo y los llevaba cortados formando una melena ahuecada que apenas le tapaba las orejas.

–Te sienta de maravilla –dijo la peluquera–. He cortado todos los mechones encrespados y he corregido el color, pero tendrás que ponerte este líquido cada vez que te laves la cabeza.

–Me encanta. Muchísimas gracias, ¡me ha salvado la vida!

–De nada, pero no vuelvas a hacer experimentos con tintes tú sola, ¿me lo prometes? Bueno..., son treinta libras. ¿Te parece demasiado caro?

–No, no, paga mi..., bueno, el novio de mi madre –dijo Laura.

–Qué suerte. ¡Ojalá encontrara yo un chico así! –repuso la peluquera.

Nada más salir de la peluquería, Laura casi se dio de narices con Melvyn.

–¡Hola!

–¿Nos conocemos? –preguntó Melvyn, bromeando–. He traído a una chica con el pelo a mechas negras y grises y ahora me encuentro a una belleza.

Laura se echó a reír.

–¿Crees que me sienta bien? ¿Te gusta?

–Estás preciosa –dijo Melvyn, contento de que le interesara su opinión–. Tienes un aspecto fantástico. ¿Quieres que te lleve a casa?

Laura asintió.

–Pero ¿no tendrías que estar trabajando?

–Tengo una hora para comer –contestó Melvyn sonriendo–. Además –añadió mientras se dirigían al coche–, tengo que pasar por la agencia inmobiliaria a buscar las llaves.

Laura lo miró sin entender.

–Tu madre y yo queremos echarle un vistazo esta tarde a una casa que está en venta en Berrydale. ¿Quieres venir tú también? Necesitamos más espacio. Ya nos falta siendo tres, así que cuando llegue el niño...

–Sí, sí, claro... Pero ¿por qué no me lo habéis dicho? –dijo Laura mientras subía al coche–. Siempre soy la última en enterarme de las cosas.

–En realidad intenté decírtelo cierto domingo que fui a comer a vuestra casa, pero tú saliste corriendo hecha un basilisco.

Laura lo miró con expresión de culpabilidad.

–Te he hecho la vida imposible, ¿verdad? –dijo.

–Bueno, verás... –Melvyn sonrió–, digamos que me siento mucho más a gusto cuando hablamos. Y supongo que a tu madre le pasa lo mismo. ¿Qué, hacemos las paces?

50

Una propuesta imposible de rechazar

Sumitha y Bilu estaban viendo la televisión.

–Bilu, el otro día te vi con una chica en la puerta del Contrary Cockerel. ¿Quién era?

Sumitha esperó con el corazón desbocado. No estaba segura de querer conocer la respuesta.

Bilu comenzó a pensar apresuradamente.

–¿Una chica? –preguntó en tono de desconcierto–. ¡Ah, sí! Natalie... Pobrecilla, estaba hecha polvo. Esa mañana habían tenido que sacrificar a su perro.

A Sumitha se le escapó un suspiro de alivio.

–Entonces..., ¿no es tu novia?

Bilu se echó a reír.

–¿Mi novia? ¡Cielo santo, no! ¡Si apenas la conozco! Es la hermana de un compañero de colegio. Estaba intentando animarla. De todas formas, ¿cómo podría querer a otra cuando tengo a una chica maravillosa como tú?

Sumitha le dirigió una mirada de adoración.

–Tan maravillosa que la quiero llevar a una fiesta el viernes por la noche –añadió Bilu–. Es en casa de mi amigo Sam. Sus padres se marchan fuera todo el fin de semana. Será una fiesta increíble.

–Sí, me parece fantástico, pero no sé qué dirá papá...

–Venga, corta el rollo. No oigo más que papá por aquí, papá por allá. Ya eres mayor. Pero si no quieres venir...

–Sí que quiero –se apresuró a decir Sumitha–. Pero...

–Deja que me encargue yo de hablar con tu padre –la interrumpió Bilu, plantándole un beso en la mejilla.

–Y por eso, señor Banerji –dijo Bilu el miércoles por la noche mientras estaban cenando–, quisiera llevar a Sumitha conmigo.

–No sé... –dijo Rajiv, mirando a su mujer–. Es muy joven para ir a una fiesta de noche.

–Comprendo perfectamente sus dudas –dijo Bilu–, pero, verá, unos amigos de mis padres..., de Calcuta, exponen sus obras, y la fiesta es para celebrar la inauguración. Me gustaría mucho presentarles a Sumitha. ¿Conoce a los Gangopadhyay?

–El nombre me suena –dijo Rajiv–. Pensándolo bien, es una idea excelente. Es importante mantener vínculos estrechos con nuestra cultura.

«Ya lo tengo en el bote», pensó Bilu.

«¡Hurra!», pensó Sumitha.

«No me creo ni una palabra», pensó Chitrita.

51
Desastre en todos los frentes

Chelsea estaba más aburrida que una ostra. Había telefoneado a Sumitha para invitarla a su casa, pero su amiga tenía otras cosas en qué pensar.

–No, gracias, Chelsea –había respondido–. Bilu y yo vamos a ir a una fiesta, y tengo que lavarme el pelo y arreglarme.

«Que se vaya a freír espárragos Bilu –pensó Chelsea–. Últimamente Sumitha no piensa en otra cosa, para ella no existe nada más...» Ella, en cambio, cada vez que salía con Rob se encontraba rodeada de un montón de gente, y así era imposible que pasara algo romántico. En ocasiones se preguntaba qué opinaría Rob de ella, y lo cierto es que tenía un mal presentimiento: que no se tratase más que de una pura y simple amistad. Si al menos consiguiera verlo a solas de vez en cuando, podría conquistarlo definitivamente.

«Voy a llamar a Rob y a preguntarle si quiere que vayamos a jugar a los bolos», pensó después de haber hablado con Sumitha.

–Lo siento –dijo la madre de Rob desde el otro lado del hilo telefónico–, Rob no está. Ha ido a casa de Mandy para ensayar la obra. ¿Quieres que le diga algo?

«Sí, que se vaya al infierno, él y su adorada Mandy Fincham», pensó Chelsea.

–No, no hace falta, gracias –dijo antes de colgar y deshacerse en un mar de lágrimas.

Unos segundos después sonó el teléfono. Tal vez, pensó Chelsea sin llegar a creérselo, era Rob, que acababa de volver a casa y estaba impaciente por oír su voz. Pero era Gemma, que empezó a hablar como una ametralladora de Rupert, y de sus ojos, en cuyas comisuras se le formaban arruguitas cuando reía, y de su magnífica casa, y de la fiesta.

–¿Vendrás conmigo de compras mañana para ayudarme a escoger algo? –preguntó Gemma–. Debo darme prisa antes de que mi madre empiece a sacar sus viejos vestidos de cóctel y a coserme alguna cursilada de tafetán rosa. Quiero estar espléndida para Rupert.

«Genial –pensó Chelsea–. Todas encantadas con sus supermaravillosas historias de amor, incluso Gemma, mientras el chico de mis sueños se besuquea con esa odiosa criatura que es Mandy Fincham.»

52
Encuentro con el enemigo

–¡Es fantástico! –exclamó Henry–. No sabía que podía resultar tan divertido. ¡Dios, me siento como si hubiese escalado el Everest sin oxígeno!

Jon se echó a reír.

–Te acostumbrarás enseguida.

Durante el trayecto hacia casa, Henry dijo:

–Le he hablado de ti a Peter Hall, allí, en el club. Su padre trabaja en el *Shire News*..., quizá pueda conseguir que colabores en la redacción con su equipo de grafistas. Solo para practicar un poco durante las vacaciones.

–Sería fantástico, papá. ¡Muchas gracias! –exclamó Jon, entusiasmado.

–Bueno, serían ellos los que saldrían ganando. Le he dicho a Peter que no eres simplemente un muchacho con talento artístico, sino alguien realmente especial.

–¡Papá! –repuso Jon.

No dejaría nunca de ensalzarlo a diestro y siniestro. Pero por lo menos ahora estaba de su parte.

El buen humor de Jon se esfumó de repente cuando entraron en el camino de acceso a su casa.

–Mira, ¿de quién será ese coche? –preguntó su padre.

El coche aparcado junto al garaje era una novedad para Henry, pero no para Jon. Otra vez aquel tipo, ese que salía constantemente con su madre.

Antes de que Jon tuviese tiempo de impedírselo, su padre había entrado por la puerta trasera, había dejado caer al suelo la bolsa de deporte y se había dirigido al salón, desde donde, al otro lado de la puerta cerrada, llegaban risas alegres. Jon lo siguió.

–¡Ah, Henry, Jon, ya estáis aquí! –La señora Joseph se levantó de un enorme cojín de estilo azteca que Jon jamás había visto antes–. Mirad lo que me ha traído Vernon..., lo ha hecho en el curso de decoración. Es precioso, ¿verdad?

La madre de Jon tenía las mejillas sonrosadas y los ojos brillantes.

–Ay, perdonadme. Henry, este es Vernon. Vamos al mismo curso. Vernon, mi marido, Henry. Y este es nuestro hijo, Jon.

Vernon se puso en pie y tendió la mano.

–Encantado de conocerles –dijo.

Jon le dirigió una mirada arisca.

–¿Os sirvo algo de beber?... Ah, ya tenéis –dijo Henry al ver una botella de Chardonnay medio vacía sobre la repisa de la chimenea–. Así que está haciendo el mismo curso que mi mujer, ¿eh? Debe de ser duro tener que competir con alguien como Anna. Tiene mucho talento, ¿verdad?

Su mujer lo miraba boquiabierta. ¡Henry estaba ensalzando sus capacidades artísticas! Y ella que creía que nunca se había fijado. «Pobre papá –pensó Jon–, se desvive por ella, y ella lo trata como un guiñapo.»

–Sí, muchísimo. Tiene un sentido del color increíble –dijo Vernon con entusiasmo–. En fin, yo ya me iba –añadió, levantándose y sacudiéndose del chaleco de ante invisibles motas de polvo–. Todavía tengo que acabar el trabajo que nos pusieron para el lunes.

«¡Si esto no es señal de que tiene mala conciencia! –pensó Jon–. Se larga deprisa y corriendo porque no tiene valor para mirar a papá a la cara. Pero ¿cómo puede hacer mamá una cosa así?»

–Hasta pronto –dijo Vernon, saludando con la mano.

Anna le dio un beso rápido.

–Espero que las cosas se arreglen –dijo.

–Crucemos los dedos –dijo él–. Y gracias por todo.

Pero ¿cómo podía comportarse de esa forma? Besar a otro hombre..., ¡y encima con su marido en casa! Nunca hubiera imaginado que fuese capaz de llegar tan lejos. Se sentía muy triste por su padre. Y estaba muy enfadado con su madre. Se lo iba a hacer pagar.

53
La casa de nuestros sueños

Laura, en cambio, no estaba nada enfadada. Había vuelto a casa y a su madre le había entusiasmado el nuevo corte de pelo. Cuando le preguntó de dónde había sacado el dinero, Melvyn se limitó a decir:

–Pensé que le gustaría un pequeño regalo...

Estaba claro que no había dicho ni media del tinte, porque las toallas resplandecían de blancura en el tendedero y su madre escuchaba la radio canturreando, cosa que habitualmente le habría molestado muchísimo, pero que aquel día era una buena señal de la que había que alegrarse.

Fueron a Berrydale a ver la casa, y poco faltó para que Laura se desmayase de la alegría. Sí, decididamente satisfacía sus exigencias. Ya empezaba a saborear el día que se mudaran: la zona tenía clase, las casas no daban directamente a la calle y eran distintas una de otra. La que les interesaba a ellos tenía el tejado a dos aguas, un balcón con la barandilla de hierro forjado sobre la puerta de entrada y un gran jardín detrás. El salón era el doble de grande que el que tenían ahora y había dos cuartos de baño.

–¡Podrás vomitar en paz! –le dijo Laura a su madre.

–Ya he dejado de vomitar –contestó Ruth, riendo.

Melvyn y Ruth intercambiaron una mirada. ¿Era posible que Laura estuviese finalmente aceptando la situación?

–Podemos comprarla, ¿verdad? –preguntó Laura–. ¡Por favooor! Melvyn necesita espacio para su ordenador, etcétera, etcétera.

–Bueno, hay más para ver –dijo Ruth, contenta de que Laura incluyese a Melvyn en la distribución de los espacios domésticos.

–Ya veremos.

–¡Pero si esta es perfecta! –dijo Laura–. Cuando haya publicado mi libro y me haya hecho famosa, quedará fantástica en las fotos de las entrevistas.

Se preguntó por qué Melvyn y su madre se echaban a reír.

54
Lágrimas imprevistas

Sumitha estaba realmente excitada ante la perspectiva de la fiesta. Bilu había sido muy astuto. Fueron a la exposición, que existía de verdad y estaba patrocinada por amigos de su padre. No se quedaron mucho rato, pero compraron el catálogo, como prueba de su pasión por el arte hindú, y Bilu presentó a Sumitha a un par de personas.

–¡Una coartada excelente! –murmuró, y a continuación se fueron a la fiesta.

Cuando llegaron, la fiesta hacía bastante que había empezado.

–¿Te traigo algo de beber? –gritó Bilu entre el estruendo de la música.

Volvió con una bebida de color azul intenso y se la dio a Sumitha.

–¿Qué es? –preguntó ella, probándola con cautela.

–Oh, un poco de esto, un poco de lo otro..., ¡vamos, bébetelo, es inofensivo! Eh, hola, Nigel, Chris...

Bilu se fue a saludar a sus amigos y Sumitha dio unos sorbos. La bebida tenía un sabor exquisito, estaba fría y era muy refrescante. Cuando Bilu regresó con Nigel y Chris para presentárselos, el vaso de Sumitha ya estaba vacío.

–¿Otro? –preguntó Bilu con una sonrisita divertida.

–Sí, gracias, está buenísimo –dijo ella.

Se sentía realmente bien, como..., como si pudiera conquistar el mundo entero.

Después de otros dos combinados, Sumitha descubrió que podía charlar con cualquiera y de cualquier cosa. Los amigos de Sam y Bilu eran cada vez más numerosos y ella habló con todos. Todo lo que se decía le parecía enormemente divertido. Sam le dijo que era una auténtica joya, lo que le hizo sentirse todavía mejor. Luego alguien le llevó algo más de beber, pero entonces Bilu le quitó el vaso de la mano.

–Creo que ya has bebido bastante. –Que estuviese un poco entonada podía ir muy bien, pero que se desmayase delante de sus narices no entraba en sus planes–. ¿Quieres que te traiga un zumo de fruta?

–Ni se te ocurra –repuso Sumitha agarrando el vaso–. Esto me gusta.

–Voy a buscarte una Coca-Cola –dijo Bilu en tono firme, y se abrió camino en dirección a la barra.

–¡Eres una chica sorprendente! –dijo un muchacho alto, de diminutos ojos porcinos, que estaba sentado junto a ella–. Encantado, me llamo Giles..., y estos combinados están mejor aún con un poco de azúcar encima. ¿Quieres probarlo?

Sumitha asintió con la cabeza y él espolvoreó la bebida. Estaba buenísimo. Durante unos instantes se sintió como si midiera tres metros de altura y fuera guapísima e inteligente.

–Hola, Sumitha.

Se volvió e intentó enfocar la cara que tenía delante. Era Mandy Fincham.

–No esperaba verte aquí –dijo Mandy–. Jamás hubiera imaginado que este tipo de fiestas era de tu estilo.

–Oh, soy una chica *sorpendentre*..., digo..., *torpentendre*...

Todos se echaron a reír.

–Eh, Rob, mira quién está aquí –dijo Mandy–. Es Sumitha.

«¡Rob! –pensó Sumitha–. ¿Sabrá Chelsea que está aquí? ¡Y con Mandy Fincham!»

«¿Qué demonios hace Sumitha en una fiesta como esta? –pensó Rob–. Aunque, pensándolo bien, ¿qué demonios hago yo en una fiesta como esta?» Todos tenían como mínimo dieciocho años, había litros y litros de alcohol y barmans auténticos preparando los cócteles.

Bilu reapareció con un vaso de Coca-Cola en la mano.

–Bébete esto –dijo.

–No –dijo Sumitha–. Quiero bailar.

–No creo que sea una buena idea.

–Pues yo quiero bailar y ya está –dijo Sumitha; la cabeza le daba vueltas como si hubiera subido tres veces seguidas a la montaña rusa.

–Yo bailaré contigo, nena –dijo Giles, conduciéndola a la pista.

Normalmente, a Sumitha le gustaba muchísimo

bailar. Lo hacía bien, tenía un sentido innato del ritmo. Pero esa noche sus pies hacían sin parar cosas que no estaban previstas en el programa, y cuanto más le hacía girar Giles, peor se encontraba.

–Creo que voy a sentarme un poco –balbuceó.

Bilu apareció a su lado.

–Giles, ya está bien. La chiquilla no puede más.

–Necesito sentarme –dijo ella–. Por favor, basta.

Pero las palabras le salieron de la boca de un modo extraño. Todos rieron y el ruido de aquellas carcajadas resonó dentro de su cabeza, como si se encontrara en un largo túnel metálico.

–¡Por el amor de Dios, para de una vez! –oyó gritar a Rob–. Ha bebido demasiado..., ¡basta, déjala en paz!

Le dio la sensación de que la cabeza se le estaba desprendiendo del cuerpo..., flotaba en el aire. Luego se encontró fatal.

Sumitha se dirigió tambaleándose al cuarto de baño, seguida de Bilu. Se encontraba horriblemente mal. Y en aquel preciso instante no quería a Bilu. Quería a su madre.

–Me has vomitado encima de los zapatos –dijo Bilu–. Son de marca y valen más de cien libras.

–Me encuentro muy mal.

–Más vale que la lleves a casa, Bilu –dijo Nigel, que había ido a ver qué pasaba.

–Has dejado la alfombra de mis padres hecha un asco –dijo Sam–. Es china y vale un ojo de la cara.

–Así aprenderás a no salir con crías –dijo Giles–. Por cierto, ¿dónde has dejado a Natalie?

«¿Natalie? –pensó Sumitha–. Era la chica...» Pero antes de que pudiera pensar nada más, vomitó de nuevo.

–¡Genial! –exclamó Bilu–. La única fiesta decente de todo el año y tú lo estropeas todo. ¡Eres un auténtico desastre!

Durante el trayecto en coche de vuelta a casa, Sumitha se encontró fatal. La cabeza le daba vueltas vertiginosamente y ante sus ojos aparecían destellos de extraños colores. Hubo un momento en que le pareció ver un gran pájaro verde sobre el capó del coche, y otro en que lo vio todo doble. Era horrible.

Bilu conducía a mucha velocidad, se quejaba de que le hubiera estropeado la noche y cambiaba de marcha bruscamente, en absoluto preocupado, al parecer, por el hecho de que ella se sintiese como si hubiera pasado toda la tarde montada en la montaña rusa y de que sus ojos se negaran a enfocar los objetos. ¿Por qué habría ido a esa estúpida fiesta?

Bilu le dijo que le gustaría no haberla conocido nunca. Sumitha profirió un gemido, estaba muy pálida y tenía un aspecto horrible.

Quizá no debería haberle ofrecido aquellos combinados, pero en realidad no eran muy fuertes, y además, ¿cómo iba a imaginarse que se bebería uno detrás de otro? Y nadie le había dado otra bebida distinta. A no ser que... Bilu se sobresaltó. Si había sucedido lo que sospechaba, más le valía inventarse cualquier excusa antes de enfrentarse a los Banerji. Y ya estaban casi llegando a casa.

–Voy a parar para poner gasolina –le dijo a Sumitha mientras se acercaba a la estación de servicio–. Solo faltan tres kilómetros, pero no creo que lleguemos.

Se inclinó y le dio un beso en la mejilla.

–¿Te encuentras mejor?

–No –contestó ella.

A Bilu le apestaba el aliento a alcohol. El muchacho salió del coche y se dirigió con paso un tanto vacilante a los surtidores. Sumitha, que hasta entonces se había encontrado demasiado mal como para conseguir razonar, se dio cuenta de que Bilu no debería conducir.

–Voy a los lavabos –masculló mientras Bilu ponía gasolina.

Pero no fue allí. Se dirigió hacia un teléfono, sacó una moneda de la cartera y llamó a casa. Mientras esperaba que alguien de su familia respondiera, empezó a tambalearse peligrosamente y tuvo que apoyarse en la pared. Rezó para que fuera su madre quien cogiera el teléfono.

–¿Sí? –dijo la señora Banerji.

–¿Mamá? Mamá, soy yo. Oh, mamá –sollozó–, por favor, ven a buscarme.

Sumitha estaba sentada a una mesa, en un rincón apartado del bar de la estación de servicio.

Cuando Bilu había ido a buscarla, le había contado lo de la llamada y él se había puesto hecho una furia.

–¡Esta cría es idiota! –gritó–. Si hubieses hecho lo que yo te decía, habríamos salido bien parados. Bueno, encanto, pues quédate tú aquí y aguanta el sermón, porque yo me largo ahora mismo.

–¡Bilu, no! –le rogó Sumitha–. No me dejes..., y no conduzcas, ¡por favor!

Pero Bilu ya se había ido.

Las lágrimas empezaron a correr por las mejillas de Sumitha.

Cuando Rajiv y Chitrita entraron en el bar, Sumitha se puso en pie de un salto y se arrojó en brazos de su madre.

–Oh, mamá, me encuentro muy mal..., no paro de vomitar, y quería que estuvieras a mi lado, y no veo bien, y...

Chitrita la abrazó.

–No pasa nada, cielo, ya estamos aquí. No te preocupes, todo se arreglará.

–¿Dónde está Bilu? –preguntó Rajiv.

–Se ha ido –dijo Sumitha.

–¿Cómo?... ¿Se ha ido?

–Cuando le he dicho que os había llamado, me ha gritado de todo y se ha ido –dijo Sumitha entre sollozos.

–Comprendo –dijo la señora Banerji–. O sea

que, además de ser un irresponsable, también es un cobarde.

–Mamá, no me encuentro...

Antes de que pudiera acabar la frase, Sumitha se desmayó y cayó a los pies de su madre.

55
El día de la verdad

24 Wellington Road
Leehampton LE3 INS

Querido Bilu:

Te escribo para decirte que, desgraciadamente, en el futuro ya no serás bien recibido en nuestra casa. Mi decisión se debe solo en parte a tu comportamiento necio e irresponsable, que hizo que Sumitha se emborrachase en aquella fiesta.

Cometer errores es normal cuando una persona todavía está creciendo, pero huir y esperar que sea otro quien asuma la responsabilidad y pague las consecuencias es algo execrable.

Nos mentiste a mi mujer y a mí, abusaste de nuestra confianza, pusiste en peligro la vida de Sumitha y la tuya conduciendo en estado de embriaguez. Sumitha te admiraba y envidiaba tu dudoso estilo de vida. Sin embargo, incluso ella parece haberse dado cuenta de que en la vida hay cosas mucho más importantes que los coches veloces y los *night clubs* de moda, y que la confianza y el respeto de los demás son lo que convierten a una persona en un verdadero hombre. Confío en que algún día tú también lo entiendas.

Tu primo,

Rajiv Banerji

A las diez de la mañana siguiente, alguien llamó a la puerta de la habitación de Sumitha.

–Ven, por favor. Tu padre y yo queremos hablar contigo.

«Oh, no –pensó Sumitha– La que se me viene encima.»

–Tengo un dolor de cabeza espantoso –dijo.

–No me extraña –contestó su madre.

Sumitha se puso la bata y las zapatillas y bajó. Al menos la escalera ya no se movía.

Al entrar en el comedor vio a su padre sentado a la mesa con la cabeza entre las manos. Su madre se sentó frente a él y carraspeó.

Rajiv levantó los ojos.

Sumitha suspiró y se preparó para aguantar el sermón.

–Lo siento –dijo su padre.

Sumitha lo miró sin comprender.

–¿Cómo?

–Lo siento, se me ha inducido a engaño y, aunque anoche tú te comportaste de un modo muy estúpido y estoy muy enfadado, me siento en parte responsable de lo que ha sucedido.

–Pero, papá...

–No –la interrumpió Rajiv–, escúchame. Para mí no es fácil. Durante muchos años he creído que lo que venía de la India era bueno. Bilu es indio y yo di por supuesto que eso era lo importante. –El señor Banerji suspiró–. Y supongo que he mirado con suspicacia muchos aspectos de la vida occidental. Por ese motivo siempre he intentado manteneros a ti y a Sandeep lo más cerca posible de nuestras antiguas tradiciones. Ahora me doy cuenta de que en todas partes hay cosas buenas y cosas malas..., no todo lo que es indio es también forzosamente bueno.

–Lo que tu padre trata de decirte, Sumitha –intervino su madre–, es que, aunque lo que hiciste anoche está mal, él cree que si te hubiera dejado hacer más cosas con tus amigos quizá Bilu no te habría deslumbrado tanto. Después de todo, Bilu es un chico guapo, y tú querías ser mayor y salir con un chico. ¿Me equivoco?

Sumitha dijo que no con la cabeza.

–Ahora, Sumitha –dijo su padre–, quiero que respondas con sinceridad a una pregunta: ¿tomaste droga anoche?

Sumitha abrió la boca y se quedó sin respiración.

–No, no, en serio. Bilu no paraba de traerme bebidas de aquellas..., eran de color azul y tenían un sabor delicioso. Yo no sabía que llevaban alcohol, de verdad que no lo sabía. Hasta que me levanté y me noté rara.

–Pero, Sumitha –insistió su padre–, tu madre me ha dicho que el doctor que te atendió anoche en urgencias cree que tomaste alguna sustancia ilegal mezclada con el alcohol. Si sabes algo, debes decirlo.

–No, papá, de verdad... A no ser que...

–¿Sí? –la animó su madre–. Vamos, Sumitha, nadie va a castigarte por decir la verdad.

–Bueno, ahora que lo pienso, uno de los amigos de Bilu dijo que mi bebida estaría aún más buena con un poco de azúcar.

–Oh, Sumitha, ¿no lo entiendes? –dijo Chitrita–. Probablemente era droga.

Sumitha se echó a llorar.

–No lo sabía, de verdad que no lo sabía. Ahora me moriré, ¿verdad?

–No –dijo su madre–. El doctor dijo que debiste de tomar una dosis muy pequeña y, como vomitaste tanto, probablemente tu organismo ya la ha expulsado. Lo único que puedo añadir es que espero que eso te sirva de lección.

–Otra cosa, Sumitha –dijo su padre–. Bilu ya no será bien recibido en esta casa. Lo siento, sé que le tenías cariño, pero...

–Está bien, papá –dijo Sumitha–. Por lo menos tú te preocupas por mí, que es bastante más de lo que él ha hecho nunca. ¡Pero lo quería tanto!

Sumitha salió corriendo de la habitación antes de que pudieran ver las lágrimas que se le saltaban de los ojos.

56
Otras verdades

TUTTIFRUTTI
The Parade
Leehampton

FACTURA	
Vestido tubo plateado talla 40	£ 29.99
Sandalias número 37	£ 25.99
Pendientes de cocodrilo	£ 4.99
Total	£ 60.97

–Ese vestido te sienta de maravilla –le dijo Chelsea a Gemma mientras volvían a casa–. Es increíble cuánto has adelgazado... ¿Gemma? ¡Gemma!

–No me encuentro muy... –empezó a decir Gemma, y se desplomó sin sentido.

–Qué alegría tenerte con nosotros, mamá –le dijo la señora Farrant a la abuela de Gemma mientras tomaban café.

–Yo también me alegro de estar otra vez aquí con vosotros –murmuró la abuela–. Pero debo confesar que estoy un poco preocupada por Gemma.

–¿Por Gemma? ¿Por qué? En el colegio va muy bien, se está divirtiendo con los ensayos del musical y...

–No me refería a eso. Lo que me preocupa es el hecho de que esté tan...

En ese momento sonó el timbre. La señora Farrant fue a abrir la puerta y se encontró delante a una Gemma increíblemente pálida y a la que Chelsea apenas lograba mantener en pie.

–Perdone, señora Farrant –dijo Chelsea sin aliento–, pero he tenido que coger un taxi para traer a Gemma a casa y no tengo bastante dinero para pagar.

–¡Ya me ocupo yo! –se apresuró a decir la abuela–. Llévala dentro, por favor, yo iré a pagar. No, mejor aún, vuelve al taxi y dile que te lleve a casa, Chelsea. Has sido muy amable ocupándote de Gemma.

La señora Farrant cogió a su hija del brazo.

–Cielo, ¿qué te pasa? ¿Has pillado una gripe? ¿Te encuentras mal? ¡Oh, Dios mío..! ¡Chelsea, antes de irte dime qué ha pasado, por favor!

–Bueno, acabábamos de comprar un par de cosas y estábamos esperando el autobús cuando de pronto Gemma se ha desmayado, o casi. La llamaré más tarde para saber cómo está –dijo Chelsea.

–Gracias, ahora estoy bien –dijo Gemma con un hilo de voz.

La señora Farrant fue precipitadamente a la cocina y le sirvió a Gemma un vaso de agua.

–¡Por el amor de Dios, Claire! –dijo la abuela de Gemma al entrar en la cocina–. Necesita algo con más sustancia que un vaso de agua. Salta a la vista que la niña se ha puesto a régimen. ¿No es así, pequeña?

Gemma asintió y se bebió a toda prisa el vaso de agua. Seguía sintiendo una sensación muy extraña.

–Pero... ¿cómo? ¿A régimen? –preguntó Claire, ofendida por el hecho de que su madre estuviera tomando el control de la situación.

–Poca comida –dijo tajante su madre–. Lo noté nada más llegar. Gemma, ¿qué has comido hoy?

–Una manzana para desayunar –dijo Gemma.

–¿Y anoche, en la cena?

–Anoche comimos pastel de pescado con zanahorias y guisantes, y luego tortitas con almíbar y...

–Gemma, ¿qué comiste anoche? –repitió su abuela.

–Las verduras –contestó Gemma.

–Pero, cielo, ¡si te puse yo la cena en el plato!

–Le di una parte a Sam y tiré el resto a la basura cuando fuiste a coger el teléfono –admitió Gemma–. Mamá, tengo que adelgazar como sea para esa fiesta. A los chicos les gustan las chicas delgadas.

–Tonterías, estupideces y patrañas –dijo su abuela–. A los chicos les gustan las chicas con empuje y divertidas..., y una no puede ser divertida si solo tiene una manzana y un plato de zanahorias en el estómago.

–Rupert no para de mirarme fijamente, y yo sé que lo hace porque estoy gorda –susurró Gemma, y rompió a llorar.

–Escúchame bien, Gemma –dijo su abuela pasándole un brazo por los hombros–, basándome en mi experiencia, y tengo alguna aunque ahora ya sea vieja, la razón por la que los chicos miran fijamente a las chicas es porque se sienten absolutamente fascinados por su pecho, y el nivel de testosterona se les dispara –añadió en tono sarcástico.

–¡Mamá! –exclamó la señora Farrant.

–Las cosas son así, Claire. Vamos, deja de poner esa cara de escandalizada. ¡Me acuerdo perfectamente de ti y de Jeremy Bayliss-Smith!

Gemma se irguió.

–¿Cómo? ¿Mamá con un chico?

–Sí, cuando tenía quince años coincidíamos en la iglesia con un muchacho que estaba loco por ella. Cuando tu madre leía la Biblia, él casi se caía del banco de la adoración con que la miraba. Recuerdo que tu madre tenía un pecho espléndido. Yo la envidiaba mucho, porque a mí me habían tocado dos míseros vasitos de whisky.

Gemma se echó a reír. La abuela era una mujer muy divertida.

–Gemma, cielo –prosiguió esta–, lo que vamos a hacer tú y yo es sentarnos y poner sobre el papel un régimen dietético sensato. No debes perder más peso; prométemelo. Si lo haces, caerás enferma. Y estoy hablando en serio. Conozco a personas a las que les ha sucedido. La nieta de mi amiga Beryl acabó en el hospital por no comer. Ahora ve arriba, date una ducha, baja y come como es debido.

Gemma asintió. En cierto modo, se sentía aliviada.

57

Una receta para el éxito

–¡Va a empezar! –gritó Barry–. ¡Deprisa, venid! ¡Estoy en la televisión!

Las cabezas de la señora Gee y de Chelsea asomaron por la puerta.

–«Bienvenidos a la última cita de Superchef. Hoy tenemos en la cocina roja a Anita Standen, de Wittersham, en la cocina azul a Joan Holman, de Eastbourne, y en la cocina verde a Barry Gee, de Leehampton.»

–Pero ¿qué te han puesto en la cabeza, papá? –preguntó Chelsea sentándose en el suelo, frente a la chimenea.

–Tenemos que ponernos todos ese gorro... por razones de higiene –explicó su padre.

–«Y, por último, Barry Gee nos cocinará un consomé de setas silvestres y aceitunas con picatostes, y una carne de ciervo con pudding negro y puré sueco...»

–¡Puaf! –dijo Chelsea.

–«... servido con coliflor al perfume de ajo y jengibre, y, para acabar, ¿qué nos ofrecerá de postre, Barry?»

–«Un sorbete de champán y manzana con salsa Cassis» –dijo Barry.

–«Mmm..., me parece todo exquisito –comentó Liam Frosby, el presentador–. Bien, todo el mundo a sus puestos... ¡y que empiece la competición!»

–Tiene un aspecto realmente profesional –observó la señora Joseph en su casa de Billing Hill.

–Bah, a mí me parece que eso es cosa de mujeres –comentó Henry, y se atrincheró tras su revista de golf.

Luego se le ocurrió una idea:

–Ey, ¿hay cosas de este tipo para los aficionados a la decoración? –preguntó–. Si las hay, deberías participar y mostrarle al mundo tu talento. Tal vez acabarás como consejera de algún grupo internacional... ¿Qué pasa?

No acababa de entender por qué su mujer le había dicho: «¡Henry, eso es ridículo!». Pero no le desagradó el beso cariñoso que le dio en la cabeza.

–Espero que gane –le dijo Ruth a Melvyn–. ¡Es un hombre tan simpático!

Mientras tanto, Chelsea se sentía bastante orgullosa, pese a todo. Su padre sabía desenvolverse, de eso no cabía duda. Aquellas florecitas hechas de hojas de apio le habían quedado perfectas.

–«Para el jurado, hoy ha resultado realmente difícil declarar un ganador –dijo Liam Frosby–. Con todo, finalmente se han decidido por...»

Todo Leehampton contuvo la respiración.

–«¡Barry Gee! ¡Felicidades, Barry!»

La cámara enfocó a Barry. En el salón, su mujer y su hija estaban dando saltos de alegría y abrazándolo.

–Pero ¿por qué no nos dijiste que habías ganado? –preguntó Ginny.

–Ya os dije que no podíamos revelar el resultado final –contestó Barry–. Y conociéndote –añadió, dirigiéndose a su mujer–, estoy seguro de que habrías escrito un artículo.

–Entonces, papá, ahora podrás encontrar un trabajo en un gran hotel y vender esa horrible furgoneta.

–No corras tanto, Chelsea –repuso su padre riendo–. Esto es la primera fase del concurso. Faltan la semifinal y la final.

–Ganarás –afirmó Chelsea–. Está cantado. Me siento muy orgullosa de ti, papá.

«Caramba –pensó Barry–, tendré que marcar el día de hoy en rojo en el calendario. Está claro que para todo hay una primera vez.»

58

Hay quien baja ¡y hay quien cae!

–Cuéntanos, Sumitha, ¿cómo fue la fiesta? –preguntó Chelsea mientras esperaban que empezara el ensayo.

–Supongo que de fábula, ¿no? –dijo Gemma.

–¡No, vomitó en la alfombra! –intervino maliciosamente Mandy Fincham, dando vueltas por el escenario–. ¿Te tomaste algún cóctel más mientras tanto, Sumitha?

–¡Cierra la boca! –exclamó Sumitha, al borde de las lágrimas.

–¿Qué sabes tú? –le preguntó Gemma a Mandy.

–Ah, ¿no lo sabéis? Yo también fui a la fiesta. Con Rob –añadió, dirigiendo una mirada de desprecio y satisfacción a Chelsea–. Y, para ser sincera, Sumitha estuvo realmente patética. Se comportó como una idiota. Creo que Bilu sale ahora con Natalie. Ella no es una cría. A decir verdad, nunca había llegado a dejarla –añadió, más antipática que nunca.

Sumitha hizo un esfuerzo sobrehumano para contener las lágrimas.

–Pobrecilla..., no es capaz de aguantar un par de cócteles, y mucho menos de afrontar las consecuencias. Realmente penoso –continuó burlándose Mandy–. Será mejor que te dediques a jugar con muñecas, Sumitha.

–¡Vete al infierno, Mandy! –gritó Chelsea.

Mandy se encogió de hombros, le sacó la lengua a Sumitha y se alejó.

–Pero ¿qué ha pasado, Sumitha? ¿Quién es Natalie? –preguntó Laura.

–Fue horrible –dijo Sumitha entre lágrimas. Y les contó toda la historia.

–¡El muy imbécil! ¡Será cobarde! –exclamó Laura cuando Sumitha dijo que Bilu se había marchado, dejándola sola en el bar de la estación de servicio.

–Supongo que pensáis que me lo merecía –dijo–. Pero yo creía de verdad que Bilu estaba enamorado de mí. No me di cuenta de que lo único que pretendía era jugar conmigo. ¡Me siento tan estúpida!

–Le hubiera podido pasar a cualquiera –dijo Chelsea. «Y nosotras, aunque lo sospechábamos, no te dijimos nada, así que también somos en parte culpables», pensó.

–No podías saber que aquella bebida era tan fuerte –dijo Gemma en tono solidario.

–No había bebido alcohol en mi vida, ni siquiera en casa..., mi padre no lo aprueba –dijo Sumitha–. Ni siquiera sabía a qué sabe... No me odiáis, ¿verdad?

–Pues claro que no –dijo Laura, abrazándola.

–A la única que odio es a Mandy Fincham –dijo

Laura entre dientes–. No solo sale con el chico que me gusta, sino que se comporta como una víbora con mi amiga. ¡Ojalá le dé un patatús en este mismo instante!

Durante el ensayo, Mandy estaba más fascinante que nunca: cantaba, daba palmadas al ritmo de la música, echaba la cabeza hacia atrás para hacer ondear su larga melena rubia. Rob la miraba con tal adoración que Horage tuvo que recordarle que Bill Sykes era un ser violento y sádico.

–Quizá mi encanto le ha hecho cambiar –dijo Mandy riendo.

Chelsea hubiera querido estrangularla.

–Ahora, Mandy, sube a la mesa –dijo Horage, siguiendo las instrucciones del guión.

Mandy subió de un salto a la mesa y empezó a cantar a voz en cuello:

–«Uum-pa-pa, uum-pa-pa, así suena la música...»

«Ojalá te des un trastazo», pensó Chelsea en ese momento.

–«Uum-pa-pa, uum-pa-pa, todos lo saben... Todos lo... ¡AAAYYY!»

Mandy levantó una pierna, resbaló con la otra, y un segundo después yacía descompuesta y dolorida en el suelo del escenario.

–¿Estás bien, Amanda? –preguntó el señor Horage, que en los casos de emergencia solía utilizar el nombre completo en lugar del diminutivo. Luego llamó a la señora McConnell, que estaba ocupada colocando unos girasoles en una enorme jarra de cerveza.

Era evidente que Amanda no estaba nada bien. No podía mover la pierna izquierda y estaba tan pálida que parecía un fantasma. Cuando llegó la ambulancia, los enfermeros diagnosticaron sin vacilar que tenía la pierna rota.

«Dios mío, no lo decía en serio», pensó Chelsea, presa del pánico.

–No debería haberla hecho bailar encima de esa mesa –se lamentó el señor Horage, compungido.

–No podrá actuar en *¡Oliver!* –dijo Laura.

«A lo mejor le he echado mal de ojo», pensó Chelsea.

–Por suerte, contamos con Gemma –dijo Horage en tono decidido–. Lucharás por la causa, ¿verdad, Gemma?

La señora McConnell miró a Gemma con aire preocupado. Gemma Farrant era una chica simpática, ¡pero tan tranquila y callada! Desde luego, no daba el tipo para interpretar a la fascinante y arrebatadora Nancy. Arqueó una ceja y miró a su colega.

–Oh, no... –dijo Gemma–. No puedo hacerlo, de verdad, no puedo.

–Sí que puedes, Gemma Farrant –dijo el señor Horage–. Puedes y lo harás.

–Pero, abuela, ¡no puedo hacerlo! –gimió Gemma aquella noche, tras haber comunicado la noticia a su familia–. Acepté estudiar el papel porque estaba segura de que no habría ninguna necesidad de que yo interviniera.

Su abuela dejó sobre la mesa el mapa gigante de China y le dio un fuerte abrazo.

–Estarás fantástica, Gemma. Se romperán las manos aplaudiéndote.

–Pero el papel de Nancy no encaja conmigo. Ella es extrovertida, atractiva, está segura de sí misma... Yo no soy así.

–¿Y quién lo dice, si puede saberse?

–Bueno, todo el mundo dice siempre que yo soy una persona tranquila y sensible, y...

–Gemma, el peor error que podemos cometer es el de ser simplemente aquello que los demás esperan que seamos –declaró su abuela–. Si yo hubiese hecho eso, probablemente ahora estaría sentada en una mecedora tejiendo gorros de lana para los marineros. Y ya ves, dentro de tres meses y dos días me iré a hacer un crucero en el *Yangtse*.

Gemma sonrió.

–Pero tú eres distinta. Tú estás loca.

–Gracias, cielo, es el mejor piropo que he recibido en mucho tiempo –dijo su abuela–. Bueno, entonces, ¿quieres ser como Nancy o no?

–Claro que sí.

–Pues entonces lo serás.

Chelsea estaba en el dormitorio de Laura ayudándola a preparar las cosas para el traslado.

–No me lo puedo creer –dijo Laura, envolviendo con cuidado el Cerdito de la Sonrisa–. ¿Te imaginas? Un dormitorio grande, dos cuartos de baño... ¡Es un milagro!

–Hummm... –murmuró Chelsea–. Evidentemente –dijo con malicia–, si tu madre no se hubiera enamorado de Melvyn, seguiríais viviendo aquí.

Laura sonrió.

–Sí, bueno, después de todo no está tan mal como pensaba. Al final estoy consiguiendo hacerle entrar en razón.

–¿Crees que Gemma saldrá airosa interpretando el papel de Nancy? –preguntó Chelsea–. Ya sabes lo que quiero decir: es simpática, muy enrollada y todas esas cosas, pero no da el tipo, ¿verdad?

–No –admitió Laura–, pero tiene una voz preciosa. No me imaginaba que supiese cantar tan bien.

–Yo tampoco –dijo Chelsea–. Pero no sé si será lo bastante chispeante para el papel de Nancy. En fin..., al menos ya no tendré que preocuparme por Rob, ahora que Mandy ha quedado fuera de combate. Gemma no es exactamente su tipo.

59
Invitación a palacio

Durante los diez días siguientes, Gemma estuvo demasiado ocupada en los ensayos de *¡Oliver!* y demasiado atenazada por el miedo de olvidar su papel o de que su voz sonara demasiado débil como para preocuparse de la dieta o de la fiesta. Por eso, cuando Rupert telefoneó el jueves anterior al día de la fiesta recordándole la invitación, le dio un ataque de pánico.

–El vestido... ¿y si ya no me queda bien? Me has hecho comer otra vez alimentos demasiado grasos –le dijo a su madre.

–Gemma, el vestido te quedará perfecto. Y no te hago comer alimentos grasos, me limito a controlar que sigas el régimen que te preparó la abuela.

–¿Y el pelo? ¿Qué hago con el pelo? –preguntó, pasándose los dedos entre los largos mechones descuidados de color rata.

–Cielo, si quieres puedo hacerte una trenza... –empezó a decir la señora Farrant, que se vio interrumpida por la abuela.

–No, ya sé lo que haremos. ¿Por qué no vas a la peluquería y dejas que se ocupen allí de tu pelo? Después de todo, para una fiesta en la que se celebra que alguien cumple dieciocho años, a una le apetece tener un aspecto un poco más adulto. ¿no?

Claire exhaló un profundo suspiro.

–Buena idea, mamá –dijo.

–Ve a la peluquería a la que fue Laura. El nuevo corte de pelo le queda de maravilla. Pago yo.

Gemma bajó del coche delante de la verja de Boughton Hall.

–Diviértete, cielo –dijo la señora Farrant–. Y no olvides decir...

–¡Mamá!

–Perdona, cariño. ¿Paso a buscarte a las doce?

–¿Estás segura de que me queda bien? –preguntó Gemma tocándose los rizos.

–Estás guapísima –respondió su madre. Y era sincera.

Rupert fue a abrir la puerta.

–Hola –dijo–. Dios mío, estás realmente guapa. Ese corte te sienta muy bien.

El muchacho le pasó un brazo por los hombros y la condujo al salón. El corazón de Gemma latía tan fuerte que estaba segura de que todos los invitados lo oían.

–Mamá, esta es Gemma Farrant –dijo.

Un pecho enorme se volvió hacia ella, seguido por el resto del cuerpo de la señora Kentigan-Fry, cuya estructura recordaba la de un galeón que surca las aguas con la velas desplegadas.

–Encantada de conocerte –murmuró la señora–. Oh, queridísima Selena, y mi querido Benjamín... –añadió, navegando hacia el otro lado de la sala.

–Me dijiste que era simplemente una cena familiar –dijo Gemma, tragando saliva con esfuerzo y recorriendo con mirada estupefacta la sala llena de invitados elegantes.

–Oh, pero si no es nada especial –repuso Rupert haciendo un gesto con la mano–. Mira, allí está mi hermana con su novio, Félix. Ven, te los presentaré.

A partir de ese momento, Rupert llevó a Gemma de un lado a otro, presentándosela a todo el mundo como «Gemma, mi novia». Estaba empezando a pensar que resultaba bastante agradable ser la novia de alguien, cuando oyó susurrar a su espalda:

–¿Pero es que ha olvidado ponerse el vestido? –Siguieron unas risitas–. ¿Por qué lleva solamente la combinación?

–Oh, no seas tonto, Félix. Es un vestido de esos ajustados que están de moda... ¡A las chiquillas de Essex las vuelve locas! ¡Ja, ja, ja!

Aquellas carcajadas le recordaron el relincho de un caballo con laringitis.

–¿No es la chica de la escuela pública de la que hablaba Rupert? Es tremendamente burguesa, ¿no?

–Sí. Mi hermano es tan aburrido que jamás encontrará a una chica con clase.

Gemma se sintió desfallecer. Hasta aquel momento se había encontrado a gusto con su vestido nuevo. ¿Cómo iba a saber que todos llevarían frac y modelos exclusivos?

La cena fue todavía peor. Había tantos cubiertos distintos, cuchillos, tenedores... Gemma miraba a Rupert y lo imitaba, esperando no equivocarse. Le daba la impresión de que todos los ojos se clavaban en ella cada vez que le servían un plato. El chico que estaba sentado a su derecha no paraba de preguntarle cosas como: «¿Pasaste la Navidad del año pasado en Klosters?». Y cuando ella le preguntó dónde estaba Klosters, él se echó a reír. La chica que quedaba frente a ella, Lucinda Pinkerton-Danesby o algo parecido, comentó: «No, no me parece el tipo de persona que frecuenta sitios chic como Klosters».

Ya empezaba a arrepentirse de haber ido, cuando el padre de Rupert, que ocupaba la cabecera de la mesa, dijo:

–Gemma, cuéntanos, ¿a qué te dedicas en los ratos libres?

–Hummm, bueno, en estos momentos estoy ocupada con los ensayos de un musical. En el colegio estamos montando *¡Oliver!*, y yo interpreto el papel de Nancy porque la chica que tenía que hacerlo se ha roto una pierna.

–Magnífico, magnífico –dijo sir William–. Haces bien en emplear el tiempo libre haciendo algo útil –añadió, dirigiendo una mirada a su hija, que reía con Félix–. Yo también he sido siempre un gran aficionado al teatro.

–¡Cielo santo, es fantástico! Iré a verte –dijo Rupert.

Su madre lo miró como si acabara de anunciar que quería visitar una alcantarilla.

–Oh, sí, es interesantísimo –dijo su hermana, ocultando un bostezo fingido tras una mano de uñas perfectamente arregladas.

Después de la cena, Rupert la llevó al invernadero.

–Podemos bailar aquí, lejos de los demás –dijo.

Luego la estrechó contra sí, prácticamente ahogándola, y empezó a moverse con torpeza de un lado a otro, insensible por completo al ritmo de la música. Estaba acalorado y sudado, pero al menos allí se encontraban lejos de los amigos pomposos y antipáticos de su hermana.

–Lo siento, si te he decepcionado –balbuceó Gemma en tono de disculpa–. Me refiero al vestido inapropiado y todo lo demás.

–Oh, no. Tu vestido me gusta..., sobre todo esta parte de aquí... –dijo Rupert, al tiempo que apoyaba una mano sudorosa en el pecho izquierdo de Gemma.

–¡Estate quieto! –exclamó Gemma, que ya tenía los nervios más tensos que la cuerda de un violín–. ¿Cómo te atreves? –Y le propinó un bofetón en la mofletuda cara.

Rupert se puso colorado y la miró.

–Ey, yo...

–¡Tú te callas! –gritó Gemma, mientras una auténtica rabia le inflamaba las mejillas–. ¡El hecho de que no vaya a un colegio privado, no lleve modelos exclusivos y no posea la mitad de Leicestershire no significa que carezca de sentimientos! Me he sentido fatal ahí dentro. Y tú no has hecho nada para defenderme... ¡Me has traído aquí solamente para divertir a tus amigos!

Rupert se mordió el labio.

–Yo..., perdona. No te vayas, por favor –dijo mientras Gemma daba media vuelta para irse a su casa–. Es la primera vez que salgo con una chica –admitió–. En el colegio, todos los chicos se pasan el día hablando de las diferentes partes anatómicas... de sus novias, y yo tengo que fingir que lo sé todo. Creía que a las chicas os gustaban..., bueno, esas cosas.

Gemma sintió compasión por él.

–No, a las chicas no nos gustan nada «esas cosas» –dijo–. Además, podrías haber impedido que tu hermana fuese tan odiosa conmigo.

–¡Lo siento! –repitió Rupert–. Me trata siempre tan mal que ya ni siquiera me doy cuenta. –Parecía realmente abatido–. Supongo que ahora no me permitirás que te bese –dijo con voz apesadumbrada–. Confiaba en darte mi primer beso.

–Bueno –dijo Gemma. Después de todo, también a ella le había llegado el momento de ser besada. Había oído tantos comentarios sobre los labios de Bilu, por no hablar de los informes que Chelsea hacía cada dos por tres sobre los segundos pasados con la boca pegada a la de Rob–. De acuerdo.

–Oh, cielo santo..., ¿sí? Bien... –balbuceó Rupert, y la estrechó entre sus brazos.

Gemma cerró los ojos y esperó.

«Pues si esto es un beso –pensó al sentir un chasquido húmedo en alguna parte situada entre la barbilla y la nariz–, la verdad es que no entiendo a qué viene tanto entusiasmo.»

–¿Lo pasaste bien, cariño? –le preguntó su abuela a la mañana siguiente.

–Bastante –contestó Gemma.

–Pero... –dijo la mujer con curiosidad.

–Nada –dijo Gemma.

60

Ha nacido una estrella

¡BUENA SUERTE!
Para mi querida Gemma,
la chica más guapa del mundo.
¡Te aplaudiré a rabiar!
Con todo mi cariño

Rupert

A pesar de que estaba muerta de miedo y de que temblaba como una hoja, Gemma dejó escapar una sonrisa. La nota estaba enganchada en el ramo de rosas más grande que jamás había visto. Nadie le había mandado flores nunca, ¡y mucho menos rosas! Simplemente le hubiera gustado experimentar..., bueno, sí, sentimientos un poco más románticos hacia Rupert.

Luego recordó que apenas un cuarto de hora más tarde estaría en el escenario interpretando el papel de Nancy, y todos los pensamientos de amor y pasión volaron de su mente.

–No puedo hacerlo, no puedo. Voy a vomitar

–gimió Gemma, y empezó a hacer ejercicios de respiración mientras la señora McConnell le subía la cremallera del vestido rojo y negro.

–Pues claro que puedes, Gemma –dijo la profesora tratando de imprimir a su voz un tono seguro y convincente, pese a que ella era la primera en dudarlo–. Lo único que tienes que hacer es ser Nancy, eso es todo. Déjate llevar y olvida cualquier otra cosa. Y recuerda que no debes ser demasiado amable en la escena del encuentro con Bill Sykes. Él quiere comprometerte y convertirte en su amante; resístete con todas tus fuerzas. Identifícate con el personaje.

–Sí –dijo Gemma con mansedumbre.

«No funcionará –pensó la señora McConnell–. ¿Por qué tendría que romperse Mandy una pierna?»

–Estás espléndida con este vestido –añadió la profesora. Y era sincera–. Hay que tener un pecho bonito para que siente bien, y tú lo tienes.

«Quizá después de todo no soy tan horrible», pensó Gemma, irguiendo un poco más la cabeza.

Justo en ese momento Laura y Chelsea entraron en el vestidor.

–Esto es para ti –dijeron, dándole a su amiga un sobre enorme.

Era otra nota, con un osezno dibujado arriba, y abajo una inscripción que decía en grandes letras: «¡Lo conseguirás!».

–Muchas gracias..., pero no lo conseguiré. ¡Sé que no lo conseguiré!

Sumitha estaba en el escenario cantando con James Gill, que interpretaba el papel de Oliver. Pero no lo hacía con entusiasmo. Había imaginado la representación con Bilu sentado en la primera fila y ella mirándolo directamente a los ojos mientras cantaba. Era una escena muy romántica. Pero ahora no había nadie. Y encima, Mandy Fincham le había contado a casi todo el colegio lo que había ocurrido en la fiesta, y ahora no paraban de decirle: «¿Te apetece beber algo, Sumitha?» o «Quería pedirte consejo sobre cómo tratar una borrachera». No tenía valor para mirar a la cara a nadie. Todo había salido mal. Nadie la querría nunca. Nunca más.

Jon estaba en la tercera fila y observaba los más mínimos movimientos de Sumitha. Estaba guapísima. Suspiró. Tenía que haber alguna manera de conquistarla, con o sin Bilu.

–«Haría cualquier cosa por ti, amor mío, cualquier cosa» –entonó Gemma con voz trémula, debido a las arcadas que le subían desde el estómago. «Creo que voy a morir», pensó.

«¡Dios!, no lo conseguirá», pensó la señora McConnell.

«Te lo suplico, Gemma, no nos decepciones –rogó el señor Horage–. Solo tienes que sacar un poco de ese valor que estoy seguro tienes... en alguna parte.»

–«Porque eres todo mío» –cantó con voz un poco más firme.

«Pues no es tan difícil.»

«Esto ya está mejor», pensó la señora McConnell.

«Lo está consiguiendo», pensó Laura.

Luego empezó el ballet. Era realmente muy divertido. Y la última estrofa.

Lo había conseguido de verdad. La primera canción había acabado.

Se oyeron unos aplausos atronadores.

–Está fantástica –dijo el señor Farrant.

–No sabía que cantara tan bien –dijo la señora Farrant, enjugándose una lágrima.

–Hay un montón de cosas que no sabes de Gemma –dijo la abuela.

–Está sublime –dijo Rupert, mirando el surco que se formaba entre los dos pechos de Gemma.

Entre bastidores, Chelsea y Laura saltaban de alegría sin poder reprimir su entusiasmo.

En el descanso, mientras Chelsea se ponía el vestido de florista, Laura irrumpió en la biblioteca, que ese día servía de vestidor para las chicas.

–¡A ver si adivinas quién está entre el público! –dijo–. ¡Tu padre!

–¡Qué menos! –repuso Chelsea–. Yo he tenido que soportar verlo marinar toneladas de setas delante del mundo entero, así que me parece justo que él también cumpla.

–¡No, no me has entendido! –dijo Laura–. Va vestido de vendedor ambulante. Lleva una campanilla que no para de hacer sonar y vende sopas y guisos.

–¡Dios bendito! –exclamó Chelsea, corriendo hacia el escenario y mirando entre los cortinajes.

En efecto, era su padre, con un gorro ladeado en la cabeza y sirviendo sopa en vasos de plástico a una cola de personas que llegaba hasta el fondo de la sala.

–¡Chelsea Gee! –gritó el señor Horage, un tanto excitado por los acontecimientos de la noche–. Conoces perfectamente las reglas: no se puede mirar entre los cortinajes durante el descanso. Vamos, acaba de prepararte para *La vida es bella*.

Chelsea ya había visto bastante. ¿Y a quién le importaba *La vida es bella*? Por lo que ella sabía, la suya era un caos total.

Gemma cantó mejor aún en el segundo acto. Estaba empezando a divertirse de verdad. «¡Si sabes conformarte, la vida es bella!», gorjeó, recogiéndose la falda y moviendo los pies. Bailó delante de Rob, que estaba sentado junto a una mesa, en el papel del rudo Bill Sykes, y le pellizcó la barbilla. Luego les guiñó el ojo a los chicos del coro con ademán coqueto. «Actuar es realmente divertido –pensó–. ¡Puedes convertirte en quien quieras!»

Cuando llegaron a la escena en la que Nancy

debe luchar contra Bill Sykes, unos momentos antes de que este la mate, Gemma recordó lo que le había dicho la señora McConnell y rememoró la escena con Rupert en el invernadero. El pobre Rob casi olvida la réplica cuando Gemma le propinó una sonora bofetada en la mejilla.

Al final, el público aplaudió muchísimo.

–¡Has estado maravillosa, cielo! –le dijo su abuela, abrazándola–. ¡Sabía que lo conseguirías!

–¡Bien hecho! –exclamó su padre–. ¡No sabía que tuviéramos una estrella en la familia!

–¡Ha sido fantástico! –dijo su madre–. Ahora, cielito, creo que deberías quitarte todo ese maquillaje. Tienes la piel muy sensible.

–¡Mamá! –replicó Gemma–. Es mi cara y pensaré en ella más tarde. ¿Te has divertido, Rupert? –le preguntó al muchacho.

Rupert asintió, entusiasmado.

–¿Quieres quedarte a la fiesta? –le preguntó Gemma, menos contenta de lo que hubiera deseado.

Cuanto más lo miraba, más le parecía un chico un poco tonto y no estaba segura de querer presentárselo a sus amigas.

–Me encantaría –dijo él.

–¡Por todos los santos, papá!, ¿se puede saber qué es lo que haces? –Chelsea se abalanzó sobre su padre dos minutos después de que hubiera bajado el telón.

–Una idea fantástica, ¿verdad? –dijo su padre–. He recaudado 65 libras para la escuela, además de un buen pellizco para mí. Y además, el señor Todd me ha dado permiso para aparcar en el patio del colegio una vez que haya acabado el recorrido por la zona industrial. ¡Podréis empezar a comer cosas sanas en vez de malgastar el dinero en patatas fritas y chocolatinas!

–¿Quieres decir que vas a venir aquí? ¿Todos los días? ¿A vender guisos?

–Sí –respondió su padre.

–Pero ¿por qué sale todo mal? –fue el comentario de Chelsea.

Sumitha se estaba poniendo los tejanos. No iría a la fiesta; le había pedido a su madre que la llevara a casa. Sabía que, si se quedaba, alguien haría algún chiste idiota sobre ella, y además, todos tenían pareja. Estaba también Mandy Fincham, medio enyesada y toda ella sonrisas y carantoñas, y sin duda, teniendo en cuenta lo sarcástica que era, dispuesta a meterse con ella a la primera de cambio. Cogió el bolso y se dirigió desconsolada hacia la puerta.

–Tú eres Jon Joseph, ¿verdad? –preguntó el señor Horage con una amplia sonrisa–. Vendrás a nuestro colegio el curso que viene, si no me equivoco.

–Sí, señor –respondió Jon.

–Jon me ha ayudado a diseñar los carteles y el resto del material –dijo Laura.

–Un trabajo excelente –dijo el profesor–. Formáis un buen equipo vosotros dos –añadió antes de apresurarse a ir en busca de la señora McConnell, por quien sentía una admiración secreta.

–Muchas gracias por la ayuda que me has prestado –dijo Laura.

–No tiene importancia, lo he hecho encantado –contestó Jon–. Al menos así he pensado menos en mi madre.

–¿Cómo?

Jon no tenía intención de decir nada, pero, quién sabe por qué, las palabras habían escapado de su boca y ahora ya no podía cambiar de tema.

–Tiene un rollo con otro hombre –dijo en tono apesadumbrado–. Un tío que va a clase con ella.

–¿Estás seguro? –preguntó Laura, perpleja. La señora Joseph, a diferencia de su madre, no le parecía en absoluto el tipo de mujer que tiene aventuras.

Jon asintió.

–Se pasan el día juntos y ella lo invita constantemente a casa. Ni siquiera intenta ocultarlo –añadió.

–Entonces, probablemente no es lo que piensas –concluyó Laura–. Me refiero a que no lo llevaría a casa estando tu padre, ¿no? Hasta mi madre esperó a que mi padre se fuese, antes de enrollarse con Melvyn.

Jon la miró esperanzado.

–¿Lo crees de verdad?

–Perdona, pero ¿por qué no se lo preguntas? Si de verdad tiene un amante, quizá la hagas reaccionar y lo deje. A veces somos nosotros los que tenemos que poner a raya a los padres. Cuando les entra la crisis de los cuarenta, se vuelven raros, y entonces hace falta que alguien con la cabeza sobre los hombros los meta en vereda.

Jon tenía una expresión más sosegada.

–Creo que lo haré esta misma noche –dijo–. ¿Sabes que resulta muy fácil hablar contigo?

Laura sonrió.

–Ah, por cierto –añadió Jon–, ¿crees que Sumitha tardará mucho en venir?

Rob estaba en una esquina charlando con Gemma y Rupert. Chelsea llegó corriendo y se arrojó en sus brazos.

–Has estado fantástico –dijo, plantándole un beso en la mejilla–. Y tú también, Gemma.

–Gracias –dijo Gemma–. Por cierto, este es Rupert.

Chelsea lo miró mientras él le tendía una mano fría y húmeda. Decididamente, no era un adonis, pero seguro que tenía una personalidad arrolladora.

–Cielo santo, me siento muy honrado de conocerte –dijo Rupert.

«No, nada de personalidad arrolladora», pensó Chelsea. Pero ¿qué demonios veía Gemma en él?

En ese momento, Mandy Fincham se acercó caminando con ayuda de las muletas.

–Hola –dijo con desenvoltura–. Rob, has estado fantástico, sobre todo teniendo en cuenta que has tenido que actuar con una sustituta.

–Gemma lo ha hecho de maravilla –dijo Rob en tono protector.

–Oh, sí, para ser una principiante ha salido bastante airosa –concedió Mandy. Luego se agarró del brazo de Rob y apoyó la cabeza en su hombro.

–¡Vete al infierno, Mandy! –exclamó Rob, desasiéndose–. Busca a otro sobre el que abalanzarte. Ven, Gemma, vamos a comer algo, te lo has ganado.

Y mientras Mandy, Chelsea y Rupert lo miraban boquiabiertos, Rob condujo a Gemma hacia la mesa.

–Hummm, espera un momento, jovencito –intervino Rupert–. Gemma es mi novia. No puedes...

Gemma se volvió hacia Rupert.

–No, yo no soy tu novia –dijo con calma–. No soy la novia de nadie, para que te enteres. Yo soy yo, y aunque decidiera comerme un bocadillo en compañía de un extraterrestre sería asunto mío, no tuyo.

Rob se alejó de la pareja discretamente y fue a reunirse con Jon.

Chelsea, Laura y Jon pusieron la antena para oírlo todo. No acababan de creer que la plácida y obediente Gemma estuviera pronunciando aquellas palabras.

–Pero yo creía..., bueno, yo quiero que seas mi novia –dijo Rupert.

–Ah, y siempre consigues todo lo que quieres, ¿verdad? –repuso Gemma–. Pero resulta que tú no me quieres a mí. Tú quieres simplemente una novia.

«Y ahora que lo pienso –se dijo–, yo te quería a ti por la misma razón. Simplemente para poder decir que salía con un chico.»

–No, yo te quiero a ti, de verdad –dijo Rupert, convencido–. Incluso cuando mamá me dijo que tú no eras de nuestra clase social y que yo podría aspirar a algo mejor, le contesté que eras maravillosa.

–Le dijiste eso a tu mamá, ¿eh? ¡Pues puedes decirle a tu mamá de mi parte que ninguna chica con un mínimo de cerebro podría desear estar contigo hasta que no dejes de tratar a todas las mujeres como si fueran glándulas mamarias ambulantes! Es decir, hasta que no crezcas. ¡Adiós!

Gemma giró sobre sus talones y Rupert se quedó clavado en el suelo mirándola con la boca abierta.

–Oh, no... –dijo, y tragó saliva.

–Has puesto a Mandy en su sitio –dijo Chelsea, que estaba empezando a preocuparse por el modo en que Rob miraba a Gemma.

–Me ha molestado. Da demasiadas cosas por supuestas.

«Chúpate esa, Mandy Fincham», pensó Chelsea, satisfecha.

–Me alegro de que estemos otra vez juntos –murmuró.

Rob la miró y respiró hondo.

–Oye, Chelsea, tú eres muy simpática, de verdad, me lo paso de miedo contigo y me gustas, pero... Verás, es que... no me veo contigo. Eres una gran amiga, pero nada más. Lo siento, debería habértelo dicho antes, pero..., hemmm, para ser sincero, no eres mi tipo. Creo que eres demasiado extrovertida para mí, como Mandy, demasiado directa. Lo siento.

Rob se alejó y fue a reunirse con Gemma.

Chelsea contuvo las lágrimas. Pero ¿cómo había podido?... Ella no había sido demasiado directa. O tal vez sí... Toda la culpa la tenía su madre. Chelsea había empezado a comportarse como ella y ¿cuál era el resultado? Un rechazo, la anulación social y la vergüenza pública. Lo único que deseaba era irse a casa, meterse en la cama y esperar la muerte.

61
Equívocos

Cuando Jon volvió a casa, Vernon estaba a punto de irse.

–Hola, Jon, ¿cómo estás? –preguntó Vernon en tono amistoso–. ¿Te has divertido?

–¡Sí, y no precisamente gracias a ti! –contestó Jon de malos modos.

–¡Jon! –exclamó su madre.

Jon se alejó y se metió en la cocina.

Un par de minutos después, tras haberse despedido de Vernon, la madre de Jon apareció en la puerta de la cocina.

–No puedo creer que te hayas comportado de ese modo con Vernon –dijo–. ¿Por qué has estado tan grosero con...?

–¿Con tu amante? –la interrumpió Jon–. ¿Es eso lo que quieres saber? ¿Cómo he podido ser tan grosero con tu amante? Bueno, pues me ha resultado bastante fácil, te lo aseguro.

–Perdona, ¿qué has dicho? –preguntó Anna con cara de pasmo.

–¡A mí no me pidas perdón! –explotó Jon–. Es a papá a quien deberías pedírselo. Siempre que él no está en casa, invitas a ese... ese gusano libidinoso.

Pero ¿cómo has podido hacerlo, mamá? ¿Cómo has podido?

–¿Cómo he podido qué? –preguntó Anna.

–¡Enrollarte con ese, estando casada con papá! ¿No piensas en él? ¿No piensas en mí? –Jon tenía la horrible sensación de que estaban a punto de saltársele las lágrimas.

Anna, en cambio, se echó a reír.

–¡Fantástico! Te parece divertido, ¿no? ¡Destruir la vida de dos personas a ti te parece muy divertido! –gritó Jon.

Su madre suspiró.

–Jon, ¿quieres escucharme? No es lo que piensas.

–¿Ah, no? –repuso Jon, que, tras haber dado rienda suelta a sus sentimientos, ya no podía parar–. Pues yo creo que sí. Te vi con él, riendo y lanzándole miradas lánguidas en aquella tienda de antigüedades, y paseando como dos tortolitos. Pero ¿se puede saber qué ves en él? ¿Qué atractivo le encuentras?

–¡Por última vez, Jon, no le encuentro ningún atractivo! –gritó Anna.

–¡Sí, ya, cuéntame otra! ¡Y de todas formas, lo que está claro es que él te encuentra atractiva a ti! ¡Eso salta a la vista!

Anna sonrió.

–No, Jon, Vernon no me encuentra nada atractiva, ni por asomo. Ni me encuentra atractiva a mí ni a ninguna otra mujer, porque resulta que es gay.

–¿Cómo? –balbuceó Jon.

–Es gay. Homosexual. Está atravesando un mal momento: su pareja lo dejó hace dos meses y él todavía está trastornado. Se ha dedicado en cuerpo y alma a los estudios y hemos decidido trabajar juntos en un par de proyectos.

Jon empezó a sentirse un poco estúpido. Y muy aliviado, mucho.

–¿De verdad?

–De verdad –dijo su madre–. Viene aquí cuando tu padre no está porque así deja de darle vueltas al asunto. Y eso le ayuda a él y me ayuda a mí. Vernon sabe mucho más que yo.

–¿Y tú sigues queriendo a papá? Está intentando adelgazar para conseguir que te guste otra vez.

En el semblante de Anna apareció una expresión de perplejidad.

–¿Te lo ha dicho él?

–No exactamente –admitió Jon–, pero sé que es así. Y me alegro de que no tengas un amante.

Su madre le sonrió.

–¿No es mejor aclarar las cosas antes de sacar conclusiones fáciles pero equivocadas?

Jon se sintió confuso y violento.

–Perdona. Pero parecía que...

–Las apariencias engañan –dijo su madre–. No lo olvides.

62
Reunión final

–¿Sigue Rupert dándote la lata? –le preguntó Chelsea a Gemma.

Era el domingo antes de Navidad y las chicas se habían reunido en la casa nueva de Laura para ayudarla a arreglar su dormitorio.

–Me ha mandado una nota en la que dice que su vida no tiene sentido sin mí –contestó Gemma, sonriendo, mientras colocaba unos libros en la estantería nueva de pino–. He estado tentada de contestarle mandándole otra donde pusiera «PACIENCIA» en letras mayúsculas.

A Gemma le pareció más sensato no mencionar el hecho de que Rob también le había escrito invitándola a la fiesta de Fin de Año. No sabía qué hacer. Chelsea estaba loca por él y Gemma no quería tener problemas con su amiga. No acababa de creerse que un chico la prefiriera a ella antes que a Chelsea. De todas formas, ya no estaba obsesionada con la idea de salir con un chico. Estaba mucho más excitada pensando en las clases de declamación que su abuela le había pagado como regalo de Navidad.

–Yo echo a Bilu menos en falta de lo que creía –dijo Sumitha, pasándole a Laura un cerdito de porcelana rosa–. Lo que echo en falta es tener a alguien especial. Debería haberme dado cuenta antes de que Jon vale cincuenta veces más que Bilu... Perdona, Laura, lo he dicho sin mala intención.

Laura se encogió de hombros.

–Pues aún estás a tiempo –dijo en un alarde de generosidad–. No tiene sentido que siga esperando algo de él. En la fiesta, después de la obra, se pasó todo el rato preguntándome dónde estabas.

A Sumitha se le iluminó el rostro.

–¿En serio? –dijo.

–Sí –contestó Laura, dando por finalizada la conversación. Estaba bien ser magnánima, pero no había ninguna necesidad de hurgar en la herida.

–¡Me gustaría tanto no haberlo echado todo a rodar con Rob! –suspiró Chelsea–. Nunca habrá otro como él. Quizá me pase la vida completamente sola.

–No tardarás en encontrar a otro –dijo Gemma–. En cualquier caso, por más que se diga, los chicos no son nada del otro mundo.

–Exacto –aprobó Laura–. No vale la pena angustiarse. De ahora en adelante me dedicaré en cuerpo y alma a mi novela.

–Tienes razón –dijo Chelsea–. ¿Quién es ese? –añadió mirando por la ventana a un muchacho guapísimo, con el pelo rubio y ondulado y un trasero impresionante, que arrastraba un árbol de Navidad por el camino de acceso a la casa contigua.

–No sé –contestó Laura–. Pero, en vista de que

vive aquí al lado, tengo intención de descubrirlo ahora mismo.

Se dirigió a la puerta y Chelsea la siguió.

–Creía que ya no os interesaban los chicos –dijo Gemma.

–Antes no, pero ahora las cosas han cambiado. Además, mi madre me dice siempre que hay que relacionarse con los vecinos.

–Warwick ha vuelto... y ha traído a un amigo –le dijo a Chelsea su madre aquella noche en la cocina.

–¿No es una chica? –preguntó ella, sorprendida.

–No, es un chico –dijo Ginny mientras rellenaba los canelones de carne picada–. Se llama Guy Griffiths y vive en Estados Unidos.

«¡Oh, no! –pensó Chelsea–. ¡A todos los amigos de mi hermano solo les interesan los abonos para plantas y los envases para raíces!»

–Tú debes de ser Chelsea –dijo una voz profunda y un tanto ronca.

Chelsea se volvió y se quedó boquiabierta.

–Hola..., yo soy Guy –dijo la visión–. Pasaré en vuestra casa las vacaciones de Navidad. Espero que no te moleste.

«¿Molestarme? –pensó Chelsea–. ¡Eres el mejor regalo que podía esperar de Papá Noel!»

–Es muy interesante vivir unas auténticas Navidades inglesas –dijo–. Creo que serán muy distintas de las de California.

«¡Dios, tiene un acento divino!», pensó Chelsea.

–¿Adónde puede ir uno aquí a divertirse? –preguntó Guy, apoyándose en el taburete de la cocina–. Me gustaría conseguir que tu hermano se apartara de los bulbos de begonia y hacerle disfrutar un poco de la vida. ¿Qué tal si me ayudas?... Tal vez podría venir también alguna amiga tuya.

«Creo que tendré que posponer hasta el año que viene mi propósito de renunciar a los hombres», pensó Chelsea.

–Lo pensaré –dijo.

Había aprendido la lección: no era conveniente ser demasiado directa.

–Ya lo he pensado –añadió tras una fracción de segundo–. De acuerdo.

Índice